NIEVES ELENA B. DE RIVERO

LA GUAYRA,
VIENTO VELOZ DE FUEGO

Miami, 2010

Título Original: La Guayra, Viento Veloz de Fuego
Autor: Nieves Elena Blanco de Rivero
Editor: Ramón Alberto Rivero-Blanco
Fotografía: Carlos Vicente Rivero-Blanco
Diseño de la Portada: Heidi Valentina Delfino Kremp
Colaboración Especial: Leonor Adela Yanes Alvarado

ISBN 145632067X

Impreso en U.S.A./Printed in U.S.A.

DEDICATORIA

Dedico estas páginas llenas de recuerdos
a La Guayra, mi tierra;
a la memoria de mis padres, quienes
me enseñaron a quererla más;
a mi esposo, quien también la amaba;
a mis hijos, quienes aprendieron
a quererla conmigo;
a mis nietos,
a mis hermanas,
a los guayreños de ayer y de hoy
y a los amigos que en ella han vivido
sus alegrías y tristezas,
y la quieren como suya.

NIEVES ELENA B. DE RIVERO

DEDICATORIA FAMILIAR

En las páginas de este trabajo de Nieves Elena, además del amor por La Guayra, su terruño, como ella le decía, está plasmada una parte importantísima de nuestra historia familiar. Es por esta razón que considero necesario volver a editarlo, para que nuestras generaciones de relevo en la familia tengan algunas referencias fundamentales de su propia historia y de sus orígenes, y para que comprendan y conozcan de donde venimos. La vida de Nieves Elena fue plena, completa, llena de vivencias, de significado, de sentido, dio todo de sí a su familia, a su pueblo natal y a su país y esto lo hizo a través de su obra diaria, su poesía, su pintura, su escritura, su oratoria, su liderazgo, su consejo oportuno y su voluntariado, no se puede dar más amor. La imagen de sus guayreños aplaudiéndola cuando sus restos partían de la funeraria Vallés ese día 16 de octubre de 2008, me quedará grabada para siempre. No se puede pedir más a un ser humano, Nieves Elena se fue de esta vida entre aplausos.

Esta edición está dedicada especialmente a:

La memoria de mi madre, Nieves Elena Blanco de Rivero, guayreña de nacimiento, corazón y pasión, autora de este precioso tributo a La Guayra. Mujer íntegra, buena hija, mejor madre, abnegada esposa y hermana, luchadora incansable, poeta, pintora, escritora, declamadora, cronista y hasta enfermera voluntaria ¡Y quién sabe cuántas otras cualidades más! Ella es ejemplo para todos nosotros.

La memoria de mi padre, el capitán de navío Ramón Rivero Núñez, ser humano excepcional, trabajador incansable, esposo, padre y hermano insigne, querido y respetado por todos nosotros, de quien sigo aprendiendo todos los días de mi vida.

La memoria de mis abuelos maternos Zózima Henríquez de Blanco y Vicente Blanco Castillo, a quienes poco conocí en persona, pero Nieves Elena me hizo quererlos profundamente a través de sus relatos.

La memoria de mis abuelos paternos Micaela Núñez de Rivero y Carlos Ramón Rivero, a quienes no conocí, porque se fueron muy pronto.

Mis queridas tías Ligia Blanco de Antonorsi, Irma Blanco de Natera, Elba Blanco de Ochoa, Bertha Elisa Rivero (q.e.p.d) y Antonia María Rivero (q.e.p.d), Luisa Teresa de Duarte y Sonia Teresa Adrián de Rodríguez.

Mis tíos políticos, el capitán de altura Marcel Antonorsi Monserrate (q.e.p.d), Ricardo León Natera Carmona, el comisario general Alberto Hermógenes Ochoa Montero, Pablo Antonio Duarte Omaña (q.e.p.d), Juan Rodríguez Fernández (q.e.p.d) y el Coronel (Ej.) Ángel Ramón Vargas Arias (q.e.p.d).

Mis queridos hermanos Carlos Vicente, mi padrino y decano de la familia, y Guillermo Ramón Rivero Blanco quien acompañó a Nieves Elena, minuto a minuto, hasta su último aliento.

Mis sobrinos Carlos Manuel y Carlos Ramón Rivero Fuentes, Guillermo Alberto y Guillermo Ramón Rivero Robles.

Mi sobrino nieto Manuel Alejandro Rivero Yépez.

Mis cuñadas Inés Fuentes de Rivero (mi madrina Machela) y Maritza Robles.

Mis primos hermanos, en "orden de aparición": Maritza, Julio y Fernando Delgado Rivero, Jesús Ramón Vargas Blanco, Marcel Antonorsi Blanco, Marielba Vargas Blanco, Ana Cristina Natera Blanco, Vicente Antonorsi Blanco, Milagros Natera Blanco, Virginia Vargas Blanco, Irma Elena Natera Blanco, Gerardo Antonorsi Blanco (q.e.p.d), Ricardo Jesús Natera Blanco, Gerardo José Vargas Blanco, Alejandro Natera Blanco, Thaís Duarte de Ortíz, Teresa Antonorsi Blanco, Elisbeth María Duarte, Juan Carlos Rodríguez Adrián, Eliana Carolina Rodríguez Adrián, María Gabriela Vargas Blanco y Elvis Patricia Vargas Blanco.

Mis primos segundos Mariela y Mariana Delgado Díaz; Ana Isabel, Marcel Eugenio, Luisa Cristina y Luis Eduardo Antonorsi Keller; Estela, Tobías y Sofía Luz Antonorsi; Juanita y Camila Antonorsi Ochoa; Rafael Vicente Manrique Antonorsi; Jedaly, Melanie y Migdalia Vargas Millán; Frank Alonso y Lorena Ramírez Vargas; Javmar y Maelvy Gil Vargas; Giannyelvi Vargas Moreno, Jesús Alberto Vargas Faría, Santiago Daniel García Ochoa, Oriana Victoria, Sofía Patricia y María Alejandra Villanueva Ochoa; Santiago e Isabel Vera Natera; Gabriela y Daniela Narváez Natera; Juan Antonio, Alí Ricardo y Estefanía Cordero Natera; Anahelena y Ana Cristina Natera De Oliveira; Alejandro y Ricardo Natera Ustariz; Andrea Natera Pérez, Juan Pablo e Iraís Ortíz Duarte; Dayana Carolina Duarte y Manuela Andrea Rodríguez Molina.

Mis primos terceros Anabela Marchena Antonorsi, Marcel Sebastián Antonorsi Schenemann, Mia Lira Antonorsi, Jesús Enrique Vargas Millán, Luis Jesús Guerrero Vargas, Christian Alonso, Frank Alonso y Ciara Ramírez Vondrak; Valeria Valentina Valecillos Ramírez, Paola Alexandra Solano Gil, Santiago León Vera Burke, Gabriel Ignacio y Santiago Cordero Pernía; Ella Valente Natera, María José y Manuel Ignacio Díaz Delgado y por último, hasta ahora, Penélope Natera.

Elisa Izquierdo y a Petete, como Nieves Elena le decía, José Bouza Izquierdo.

Lola y Cristóbal Castro (q.e.p.d) y sus hijos Nieves (q.e.p.d), Esther, Carlos, José, Cristóbal y Francisco, quienes junto con Peruco y Dora Castro (q.e.p.d) quisieron profundamente a Nieves Elena.

Carmen y Juancito Parma y a sus hijos Tania, Zulay (mi madrina) e Iván "el otro hijito de Nieves Elena" (q.e.p.d).

Adelita Alvarado de Yanes (q.e.p.d) y sus hijos Elisa Elena, Nicolás Alfonso y Leonor Adela, quien corrigió el manuscrito de este libro con mucho amor.

Judith Sánchez Santander y a la familia Guedez de Macuto.

Juana Medina y Mariah del Rosario "Charito" Ferrás.

"Nieves" Claudia Delfino (como le decía Nieves Elena), mi querida hijita y a Heidi por haberme hecho padre.

La ciudad de Málaga, Andalucía, España, que vio nacer a nuestro abuelo Vicente de la Santísima Trinidad Blanco y Castillo, hijo de Francisco y Dolores, el día 29 de Marzo de 1883.

Santa Cruz de la Palma, Islas Canarias, España, que vio nacer a nuestra querida "Matota", Zózima Horacia Tomasa Henríquez y Pestana, hija de Felipe y Tomasa, el día 26 de Diciembre de 1888.

La Guayra, primer puerto de Venezuela, que acogió a nuestros abuelos inmigrantes de España y les dio un cálido hogar en el que nacieron las "hermanitas" Blanco Henríquez.

Federico Ortega D., a quien no conozco personalmente pero escribió sobre Nieves Elena con tal amor que no puedo leer sus palabras sin llorar.

Todos los queridos guayreños que conocieron a Nieves Elena y la quisieron tanto y la acompañaron con nosotros hasta sus últimos momentos, especialmente a Jesús Guillermo Gómez, Juanita Sicerine, Magaly Bozzo, Luis Santana, Angélica León, Rigoberto Burgos, Rubén Contreras, Alexis Rojas, Nadeska Noriega, Jesús Cumare, Efraín Rodríguez, María Eugenia López, Nizza Gazzaneo, Héctor Pérez de La Rosa, Eduardo Moreau, Jesús Manzano, Avilio Oliveira, Hilda Rivero, María Pivernatt, Roxana Rivas, Omaira Rodriguez, Esmeralda León, María Soledad Martinez, Luis Mendoza, Agustín Ávila y Pancho Alegría, quienes constantemente estaban presentes en nuestras vidas y a tantos otros que no me vienen a la mente.

Walfredo Martínez y Lourdes Tovar, ahijados de Papá.

Consuelo Morffe, una de las amiguitas de Nieves Elena, de la iglesia El Salvador, quien la acompañó y le dio ánimo muy amorosamente en sus últimos días.

Todos los hombres y mujeres de buena voluntad, guayreños o no, que conocerán a Nieves Elena a través de su legado y que la querrán inexorablemente como nosotros.

Juan Ricardo Díaz, curador de almas y amigo sin igual, facilitador de este proyecto.

Francisco Rodríguez quien con su apoyo hizo posible esta edición.

Karen Katiuska Lemoine Manzanero, descendiente de guayreños y quien me dio idea de comenzar este proyecto.

La Venezuela que puede todavía ser.

España por ser nuestra segunda patria.

Miami, 15 de junio de 2010
Ramón Alberto Rivero Blanco

AGRADECIMIENTO

Deseo hacer partícipes de mi agradecimiento,
tanto al Capitán de Fragata Remigio Elías Pérez,
como al Dr. Jaime Barrios M.,
el primero, quien como Presidente del Banco Provincial,
editó mi libro "La Guayra, Viento Veloz de Fuego" en 1991
y el segundo, quien comoAlcalde de La Guayra,
tuvo la amabilidad de reeditarlo en el 2002.
Sé que todos los guayreños,
que conocemos lo que vale nuestra tierra,
tan olvidada por muchos,
se lo agradeceremos por siempre.

NIEVES ELENA B. DE RIVERO

PRÓLOGO

PALABRAS DE AMOR Y DEVOCIÓN

Nieves Elena Blanco de Rivero, una Guaireña apasionada por su terruño y por todo cuanto él representa, sobre todo en lo concerniente a su acontecer costumbrista, me ha regalado ratos de íntima fruición espiritual con la paciente lectura de los originales de sus crónicas Guaireñas. Sin proponérselo me ha llevado de la mano por todo ese tesoro colonial que aquilata en sus inmuebles tatuados por la pátina del tiempo, reviviendo gratísimas épocas de nuestra primera juventud. Las crónicas de esta insuperable Guaireña, quien vive y se desvela por todo el acontecer del viejo puerto de nuestros grandes amores, por las sempiternas tradiciones lugareñas, resumen todo el afecto que una auténtica Guaireña es capaz de sentir por la ciudad-cuna de la República, la ciudad cuatricentenaria que vegeta en un constante esperar por la obra redentora del Gobierno Nacional y de sus conspicuos hijos con capacidad de poder. Estas emocionadas páginas impregnadas de amor por la tierruca testigo de nuestro amanecer a la vida, son suficientemente comprensivas del hondo afecto que La Guaira le inspira.

A través de la lectura de estas crónicas nutridas de ternura filial, entendemos el mensaje de serena campechanía y de amoroso cuidado, contenido en estos evocadores escritos de Nieves Elena Blanco de Rivero. En la incursión por esos amables textos puede seguirse retazos de la historia menuda de cuanto es La Guaira: sus templos, sus joyas coloniales, los sitios por donde pasó alegre nuestra infancia; las escuelas y sus maestros, quienes tanto dejaron en nuestro espíritu; el viejo puerto, tan lleno de recuerdos imborrables; sus calles, sus centros culturales, sus hombres relevantes, sus personajes populares, en fin, la síntesis de su desenvolvimiento de pueblo en una época que registra nuestro quehacer vital.

Nieves Elena Blanco de Rivero, además de cronista del acontecer de su terruño Guaireño, es también -y muy aceptada por la crítica entendida- una fina, exquisita maestra del pincel. Ya dije alguna vez, a propósito de una exposición pictórica sobre pintorescos recodos de La Guaira colonial, que asomarse con el espíritu propenso al disfrute superior a la exposición de esta artista nativa y nativista, es hacer un paseo fascinante en el tiempo por la antigua fisonomía de La Guaira. Sus crónicas como sus lienzos trasuntan la plasticidad, el color, la luz, toda en armonía y conjunción con la perspectiva y la sombra; en ellos está reflejada La Guaira cuatricentenaria. Sus callejuelas, evocadoras del paso trepidante del conquistador y el artesonado de sus ventanales hacia afuera, recrean la mirada y llenan el espíritu de contenido artístico. Lo mismo puede afirmarse de sus crónicas costumbristas, que la autora logra plasmar, con ayuda de cuanto atesora su memoria, fiel a la realidad, en escenas urbanas de esa ciudad colonial que se resiste a la acción disolvente del tiempo y a la piqueta demoledora que empuña con saña la mano bárbara e inconsciente.

Con estas cordiales palabras de presentación de este volumen, hijo de su pasión y devoción por su terruño Guaireño, saludo la aparición de este renovado testimonio de quien es fina cronista-pintora de raigal amor por La Guaira, su pueblo, y su gente. Reitero que el mérito de esta excelente creadora de lienzos y crónicas, reside en su asombrosa capacidad de retención fisonómica de perfiles urbanos ya desaparecidos, que en los inefables tonos de su pintura y en sus amables crónicas cobran vivencia, fuerza y frescura.

Me siento complacido de adherir mi modesto aporte intelectual, también con sentimiento Guaireño, a este laudable esfuerzo de Nieves Elena Blanco de Rivero, con el cual trata de reconocer cuanto debemos en pasión filial a La Guaira de nuestro amor y devoción.

Caracas, 19 de septiembre de 1989.

Año Cuatricentenario de la fundación de La Guaira.

CARLOS NAVARRO GIRAL

MENSAJE DEL ALCALDE DE VARGAS DR. JAIME BARRIOS

Escribir sobre Nieves Elena de Rivero es agradable y fácil. Su espléndida personalidad y la prestancia en su actuación pública local, así lo permiten.

La Guayra, ciudad cargada de historia, cuatricentenaria y de importancia siempre mayor en la vida del país, ha sido el santo y seña que le ha permitido escudriñar en su espíritu el numen que engendra su poesía, su quehacer pictórico y su prolífica actividad en la crónica literaria. Por ello, siempre serán pocos los reconocimientos y atenciones, oficiales o no, que en vida se le han dispensado.

Su asombrosa memoria y su gran sensibilidad se han convertido para el gentilicio guayreño en eficaces y extraordinarias celadoras de la nomenclatura, paisaje urbano y costumbres de la llamada Ciudad Cuna de la Emancipación Americana.

Hasta ella lleguen, al igual que a su respetable familia y al indisoluble vínculo con su gente de La Guayra, este modesto y sincero reconocimiento del Gobierno Municipal de Vargas, que con orgullo hoy represento, al reeditar su obra "La Guayra, Viento Veloz de Fuego ".

La Guayra, 9 de diciembre de 2002.

JAIME BARRIOS
ALCALDE DE VARGAS

3

SÍNTESIS BIOGRÁFICA DE LA AUTORA

Hacer una síntesis biográfica de la pintora, escritora y poeta Nieves Elena Blanco de Rivero no es tarea sencilla. Su vida fue plena, sus amores y sus luchas: su familia, La Guayra, su terruño natal, y Venezuela, su amado País.

Nieves Elena Blanco de Rivero nació en La Guayra, el 18 de agosto de 1921. En el año 1942 contrajo matrimonio con el Oficial Naval Ramón Rivero Núñez de cuya unión nacieron Carlos Vicente, Guillermo Ramón y Ramón Alberto. Cursó estudios en el Externado San José de Tarbes y en la Bryant School de Filadelfia, U.S.A.

Entre sus estudios de pintura destacan los realizados bajo la dirección de los profesores Miguel Peña, Pilar Barrera, Teresa Alzara y Dolores López.

Participó en medio centenar de exposiciones colectivas entre las que ella misma solía destacar las de la Cámara de Comercio de la Guaira, La Marina Mercante y La Casa Guipuzcoana. De entre sus más de veinte exposiciones individuales destacan las de la Biblioteca Paul Harris, el Centro de Arte Beco Blohm, la Cámara de Comercio de La Guaira y la Casa Guipuzcoana, especialmente en el marco del Cuatricentenario de La Guayra. Su obra pictórica ha sido distinguida con Premios y Menciones de Honor.

Nieves Elena fue una luchadora infatigable en pro del Municipio Vargas, de su historia y de la defensa de todo aquello que involucraba el bien común, patrimonio de todos los guaireños y también de la humanidad. Esto lo logró a través de sus pinturas, innumerables artículos en prensa, revistas y boletines, charlas, participación en programas de televisión y en infinidad de labores en pro de su comunidad. Fue oradora de orden en numerosos actos solemnes. Donó muchas de sus obras pictóricas sobre La Guayra a instituciones públicas como el Municipio Vargas y la Escuela Naval de Venezuela. Escribió también innumerables poemas y los declamó ella misma, grabando dos CDs: Poemas I y Poemas II.

Fue Miembro de la Sociedad Bolivariana del Estado Vargas, el Centro de Historia del Departamento Vargas, la Asociación Venezolana de Mujeres, la Fundación "Alcaldía Municipio Vargas" (FUNDALVARGAS), la Comisión Nacional de los Actos Conmemorativos Centenario Teresa de la Parra, el Centro Sociedad Bolivariana de La Guaira, el Complejo Cultural Vargas, el Centro de Historia Bolivariana y Naval de Venezuela, la Junta Conmemorativa de la fundación de La Guaira - La Guaira en sus 400 años y la Comisión para el Bicentenario de la conspiración de Gual y España, entre otras.

Recibió seis condecoraciones entre las que destacan la Orden Francisco de Miranda en su segunda clase y la Orden al Mérito Gran Cordón Dr. José María Vargas en su única clase. Recibió también innumerables premios y reconocimientos entre los que destacan los del Rotary Club Internacional, La Alcaldía del Municipio Vargas, el Complejo Cultural José María Vargas y la Gobernación del Distrito Federal. El Municipio Vargas la honró bautizando con su nombre una "Casa Abrigo" para niños.

LA GUAIRA LLORA A SU HIJA

Se nos fue doña Nieves Elena de Rivero

La noche del miércoles 15 las callecitas de La Guaira vieron pasar a la doña, vieron como ascendía en medio de gaviotas y alcatraces al cielo abierto sobre la rada del puerto, y el Vigía imponente sobre su cerro le lanzó un último adiós. ¡Que se nos va doña Nieves!

La que plasmó en cálidos colores las cosas bonitas de La Guaira, la que escribió cosas bonitas de La Guaira, la imagen y el poema, matices y versos para su terruño que es el nuestro, por eso la llora el pueblo. La lloran las plazas, los callejones, los fortines, la aduana, los cerros, los viejos comercios, las viejas vitrinas, la lloran los puentes y los cien personajes que, humildes y desconocidos para la historia académica y oficial, entraron por la puerta grande en las páginas de La Guaira porque la pluma de doña Nieves los llevó para que se hicieran eternos.

Su vida terrena se apagó en Caracas, pero su alma pervivirá por siempre en el Vigía, La Pólvora de San Pablo, la casa Guipuzcoana, las calles de León, Granados y San Francisco, la rada del puerto, la Casa de los Ingleses, el cementerio de Los Extranjeros, la plaza Vargas, El Guamacho, Cruz Verde, Salsipuedes, la Ermita del Carmen, en cada rincón donde aun se respire la guaireñidad que supo sembrar con sus sencillas pinturas, con su infantil verso.

Se nos fue doña Nieves al cielo de los guaireños, donde esperará el tren sentada en los bancos del Café de la Estación, y se comprará un bonito sombrero en la tienda de Daniel Díaz, acompañará a Carmen Marina Ortega y a la hermana Marialfredo en el coro del San José de Tarbes, y paseará por el bulevar 24 de Julio para tomarse un helado en Le Glaciere, y se sentará coqueta en el poyo de la ventana de su vetusta casa familiar a esperar el paso fugaz de aquel joven cadete de la Armada que le roba el sueño.

De su vida y obra escribirán historiadores, biógrafos y cronistas que bastante trabajo tendrán porque es mucho, mucho lo que esta excepcional mujer le dio a su tierra, y su obra será perenne y viva mientras exista un cerro colorado, una piedra sobre otra en las murallas de un fortín, un fresco zaguán en la plazoleta del Carmen.

Que lloren tus callecitas Guaira querida, porque tu hija, la que te hizo poema y cándido verso, la que te inmortalizó en el lienzo se te fue, se nos fue, se nos durmió para siempre doña Nieves arrullada por las fulías de su Cruz de Mayo y el paso susurrante de su Osorio bajo el puente de San Juan de Dios.

FEDERICO ORTEGA D.

Nieves Elena Blanco de Rivero.

REMEMBRANZA DE LA GUAYRA

Nuestros padres eran españoles y llegaron a La Guayra antes de 1900. Allí crecieron y estudiaron, luego formaron un hogar, en el cual nos enseñaron que, además del cariño que debíamos tener al terruño por ser nativos de él, teníamos que agradecerle el que ellos hubieran sido acogidos con cariño por su gente, y haber podido realizar sus deseos. Nuestros abuelos eran republicanos y deseaban vivir en una República suramericana.

Ambos nos contaron muchas cosas interesantes de esa época guayreña. Vivieron el terremoto de 1900, la terrible explosión de El Vigía, la angustiosa espera del cometa Halley, la pandemia o gripe española, los acontecimientos del año 28, la prisión de nuestro padre en el año 29, por su condición anti-gomecista; pero también vivieron días felices en el pueblo acogedor y de vida sencilla y sana. Nuestro padre siempre nos habló con mucho orgullo de su colegio y de su maestro, el profesor Manuel María Villalobos, hombre políglota, autodidacta, quien formó a muchos porteños en su disciplina rigurosa y de cuyo colegio salían bien preparados en todo sentido.

El profesor Villalobos, guayreño, hablaba todas las lenguas muertas y además el alemán, el francés, inglés, holandés, italiano y también el árabe, chino y japonés. Nuestro padre nos contaba que el gobierno lo utilizó como intérprete para entenderse con una misión japonesa que visitaría Venezuela y en ocho días de fuerte estudio, pudo hacerlo. J. M. Núñez de Cáceres, una autoridad lingüística de América decía de Villalobos: "que los idiomas en sus manos eran como un reloj descompuesto en manos de un relojero experto."

Caracas, 11 de julio de 1989.

COSTUMBRES GUAYREÑAS

En La Guayra de los años 30 los guayreños disfrutábamos de una vida sencilla y sana. Todos los vecinos éramos amigos, mejor dicho, como una familia, donde las alegrías y tristezas eran compartidas por todos. Si nacía un niño, o cumplíamos años, o salíamos bien de los exámenes, todos alegres alrededor y si enfermaba alguien, todos a una, ayudaban a los familiares a velar por el amigo en cama y acompañarlos en su angustia. Si había una familia en mala situación monetaria, los vecinos trataban de ayudar. Era un ir y venir de dulcito de lechosa, de una tunja, de unos pastelitos, de unos huevitos, en fin, de menudencias, pero que en tiempos de fronda, caían muy bien y se agradecían.

En un tiempo muy duro para nosotros, llego el día de Pascua de Navidad y Vicentico González, (q.e.p.d.), nuestro vecino de enfrente, que sabía por lo que estábamos pasando, nos mando una bandeja llena de uvas, manzanas y peras, pan de jamón, una tunja divina, cubierta de caramelo, de las que hacían muy finas en La Guayra, junto con unas hallacas, una cena completa para esa noche ... Nunca olvidaremos el noble gesto de este buen amigo, que a tiempo nos sirvió y que Dios seguramente lo recompensó con creces.

En La Guayra casi todas las casas tenían zaguán; las que no, tenían una romanilla que separaba el salón, de la calle. Encima de la puerta de adentro, un cuadrito con el Santo preferido de la familia, pernoctaba colgado de la pared, cuidando la casa. En muchas viviendas, detrás de la puerta de la calle, colgaba un casquillo y una matica de sábila para salvarse de las malas influencias. Las puertas tenían aldabas o aldabones con cara de leones; en nuestra casa se usaba una manito de cobre macizo, para tocar la puerta. Hacían las veces de timbre. Eran resabios heredados de la vieja España.

Una costumbre de esos tiempos era que, al mudarse una familia para un vecindario nuevo, se mandaba a ofrecer a los vecinos, y la persona que iba, al tocar la puerta decía: "Tun, tun"; la gente desde adentro preguntaba: ¿Quién es? y le contestábamos: "Gente de paz", y enseguida nos abrían. Algunas puertas tenían un postiguito para ver quién llegaba. Al abrirnos preguntábamos por la señora de la casa y al atendernos, le decíamos que veníamos de parte de la familia tal, nuevos vecinos y que nos poníamos completamente a la orden. Entonces la señora nos dispensaba una visita, que a su vez era prontamente correspondida y así empezaba una interesante amistad entre ambas. Ahora eso será visto, tal vez, como una ridiculez; pero eso no significa, sino que nos hemos deshumanizado, que aquella época fue más humana, había más respeto, más consideración, y más amor por los demás y por nosotros mismos. ¡Quién pudiera volver a nuestras viejas costumbres!

Los niños de esa época jugábamos al frente de nuestras casas y como las callecitas eran de piedra y el tráfico de autos era casi nulo, lo hacíamos sin peligro. Por nuestra calle El León sólo subían las carretas recogiendo la basura, vendiendo mangos y plátanos; el señor Manuelito con su mula repartiendo leche; el señor Santiago, repartidor de pan de la panadería del señor León Marcou, con su burrito cargado con dos sentones de pan francés, español e isleño, galletas de María, acemitas, etc. De vez en cuando subía un auto para llevar algún enfermo a Caracas. El doctor César Almaral, médico muy querido de La Guayra, humanitario, que visitaba todos los días a sus enfermos v los atendía con amor, tenía su auto pero muy pocas veces lo usaba. Como casi nadie tenía transporte, usábamos los autobuses y el tranvía para ir a Macuto y Maiquetía y el ferrocarril para ir a Caracas. Cuando íbamos para Caracas, la familia iba a despedirnos a la estación, que estaba frente a la hoy en día oficina de correos y al lado de la plaza Bolívar de entonces y hasta llorábamos. ¡Cosas de esos tiempos!

Caracas, 29 de agosto de 1989.

LA GUAYRA SIEMPRE SERÁ LA GUAYRA

En estos días cercanos al Cuatricentenario han estado sonando voces extemporáneas diciendo que La Guayra no fue fundada, ni tuvo por supuesto fundador y desde luego, que el 29 de junio no significa nada para ella, que no tiene partida de nacimiento. No sé que fines tendrán esas aseveraciones, si será para hacernos dudar de nuestra historia, como en la mala hora en que se atrevieron a decir que el cráneo del Libertador no era de él, sino de otro hombre.

De todas maneras, con o sin partida de nacimiento, La Guayra será siempre La Guayra; la de sus indios valientes, la de sus hombres patriotas e ilustres, la cuna de los precursores de la independencia nuestra y de la suramericana, José María España y Manuel Gual, la de José María Vargas, Carlos Soublette y la de toda una pléyade de criollos ilustres en todas las ciencias y las artes, luchadores, revolucionarios, trabajadores, marinos y militares, que han hecho de ella un pueblo para la posteridad; y siempre alzará la cabeza para defender lo que le pertenece, aunque sea hija natural.

FAMILIAS DE LA GUAYRA

La vida de La Guayra en la época de nuestra infancia, era apacible, recatada y sus costumbres muy conservadoras; más que las de Maiquetía o Macuto, porque éstas eran ciudades abiertas al mar, lugares a donde venía mucha gente de Caracas a temperar y traía con ellas el modernismo de la capital. La Guayra era una ciudad que estaba escondida, encaramada en sus riscos y apartada de muchas cosas, por eso mismo. Por su tranquilidad los días se hacían largos y en nuestro hogar, se reunían todos los días varias de nuestras vecinas, después de un rato de siesta, a bordar, a tejer, a conversar y a tomar el cafecito de las tres de la tarde. Se iban a las cuatro a recibir a sus hijos que llegaban de la escuela y a atender a la familia en su compañía y luego, después de la cena, que casi siempre era temprano, volvían para sentarse entonces en la acera, a contar historias y tomar un poco de fresco, mientras las niñas jugábamos al escondido, a la sortija, vaya y venga, podré, la vieja, etc. Luego, a las nueve nos mandaban acostar y ellos todavía se quedaban tertuliando. También nuestros amigos venían a la casa, jugábamos con un balón que nuestro padre nos había traído de Curazao, cantábamos canciones de la escuela, decíamos adivinanzas, recitábamos, ya que las niñas de esa época aprendíamos muchas poesías, y otras veces jugábamos ludo y lotería de muñequitos, sin apostar, por supuesto. Nos gustaba más jugar que oír la radio, aunque después, cuando ya teníamos 14 y 15 años, los domingos por la tarde, con el programa de música bailable que transmitía Radio Caracas desde el Roof Garden de Caracas, nos reuníamos en casa con amigos y amiguitas, entre ellos, Jesús Guillermo y Federico Gómez, Manuel y Gilberto Miranda, Jesús Vicente González, Juancito Torrealba, el Negro Torrealba, Gonzalo Machado, Humberto Bello, Luis Felipe Torres y entre ellas, María Teresa y Mimita Domínguez, Gladys Guédez, Gloria Galdona, Luz y Yolanda Machado, Aura Teresa Esté, y Josefina Naranjo, Adelita Alvarado y nosotras, Ligia, Irma y yo, que éramos las mayores. Siempre la vigilancia de nuestros mayores era obvia.

Nuestra madre nos contaba que en las noches guayreñas de su juventud, para distraerse, se reunían con sus primos quienes tocaban violín y sus amigos quienes tocaban guitarra y cantaban, también decían poesías; en fin, veladas agradables y muy frecuentes. Lo mismo hacían en otras casas. En esa época no existía la radio en Venezuela. En La Guayra, la mayoría de las familias éramos descendientes de vascos, andaluces y canarios llegados al puerto un día y que poco a poco se habían ido uniendo con descendientes de España, nacidos en Venezuela formando así la familia criolla.

Entre estas familias, los España, Gual, Estévez, Díaz Legórburu, Álvarez Díaz, Aranaga, Penso Cruces, Del Hoyo, Elías Pérez, Leandro, Palacios, Del Rosario, Gómez Peraza, Giral, Badillo, Ortega, Rivodó, Blanco Toro, Machado Meleán, Misle, Naranjo, Batista, Calimán, Yumare, Cabrera, Avellaneda, Moncada, Torrealba, Pérez Felipe, Hidalgo, Pérez Bello, Olaizola, Cáceres, Arias, Ramírez, Díaz Henríquez, Salazar, Alas Crespo, Elizandro, Villalobos, Gutiérrez, Almaral, Navarro Giral, Caballero, Prince, González, Monzón, Trujillo, Chávez, García, Martínez Salas, Gómez Escudero, Carabaño, Rodríguez, Muñoz,

Bolívar, Fonseca, Macareño, López, Bethencourt, Egui, Domínguez Moreau, Monteverde, Labarca, Guevara, Miranda, Henríquez Fernández, Guédez, Echarres, Morales, Mora, Escobar, Vilachá, Blanco Murga, Quevedo, Linares Marins, Santana Díaz, Landaeta Delgado, Olivieri, Daal, Nahmens, Blanco Henríquez, Noda, Guilarte, Semidey, Oduber, Marín, Fajardo, Bocanegra Solís, Carvallo, Morón, Machado, Valdivieso, Benaím Giral, Bosque, Odoardo, Flores, Bello, Cortes, Casañas, Purroy, Torres, Calderón, Guaita, Romero, Artiles, Ardiles, Alvarado, Escalante, Campos, García Monjuich, Pacanins, Izaguirre, Arrivillaga, Arrillaga, Mendiri, Arrieta, Urrutia, Corrales, Sicerine, y los que no puedo recordar, han sido familias destacadas de La Guayra. Entre ellas ha habido: médicos, profesores, músicos, militares, obispos, periodistas, escritores, pintores, comerciantes, hombres de negocios y de distintas profesiones.

También vinieron personas de otros países: Francia, Inglaterra, Alemania, Holanda, Italia, Las Antillas, etc. Entre otros: Soublette, Wallis, Boulton, Blohm, Sterling, De Veer, Tarf, Hoffman, Roquett, Berthier, Hellmund, Brewer, Muskus, Gouverneur, Perret Gentil, Golding, Schusler, Franklin, Lessman, Degout, Marqfoy, Gásperi, Drayer, Bigott, Melchert, Clark, La Roca, Elster, Gazano, Dupouy, Saggessi, De Pascualli, Regetti, Lemoine, Himiob, Estein, Marcou, Ernst, Essayag, Taurel, Pariente, Salvatierra, Winckelman, Lesseur, Meyer, Ravard, Fleury, Byers, Merge, Röhl, Engelke, Morazzo, Badaracco, Perichi, Delfino, Bottaro, Pizzorni, Farache, Gosling, Bluhm, Johnson, Gabizon, el doctor Knoche, médico alemán que vivió y trabajó en el Hospital de San Juan de Dios de La Guayra, e inventó un líquido momificador y fue muy apreciado en el puerto. Seguramente habrá muchos más que no puedo recordar. Entre estos nombrados y sus descendientes, ha habido hombres de negocios, cónsules, médicos, pintores, banqueros, profesionales de distintas ramas, cantantes, etc.

Los primeros que vinieron se establecieron en el puerto, atraídos por el adelanto que había, debido a la construcción de los nuevos muelles, de los teléfonos y del ferrocarril. Abrieron fuentes de trabajo, como importadores y exportadores, comisionistas, etc., y vivieron allí por muchos años, dando a sus empleados ejemplos de disciplina, austeridad y eficiencia, que hizo mucho bien a un pueblo que estaba en los albores del desarrollo. Con la reunión del esfuerzo de estos hombres, aunado al de los criollos, el comercio prosperó y vivió floreciente bastante tiempo. Muchas de estas personas y sus descendientes, aunque se han ido a vivir a Caracas, tienen sus casas matrices todavía en La Guayra secular, La Guayra de los recuerdos, la que es muy difícil olvidar.

Caracas, 17 de junio de 1989.

LA GUAYRA, PRIMER PUERTO DE VENEZUELA

Este artículo fue publicado en el periódico "El Universal", el 6 de agosto de 1973, pero hoy, casi todo lo que se dice en él tiene vigencia y por eso es bueno reproducirlo.

Con orgullo aprendimos de nuestros maestros y leímos en los textos de geografía estas hermosas palabras y qué decepción se ha apoderado de los guayreños, cuando al pasar de los años hemos visto que La Guayra ya no es la misma que conocimos, acogedora, limpia y olorosa a mar Caribe. Se ha ido deteriorando día a día y perdiendo buena parte de su típica formación.

Desaparecieron sus piedras, sus fuentes; en la Caja de Agua ya no existe ni el almendrón, ni la pila; en el antiquísimo muro que bordea el río Osorio, ya no existen los asientos de piedra donde solían las familias irse a conversar en las noches de gran calor; el gran balcón corrido de la casa de la familia De Veer y los balconcetes de la casa de la esquina de El Caracol, desaparecieron y así ¡quién sabe cuántos más! El Puente de Jesús, lugar donde la sombra de los higuerotes gigantes que estaban sembrados en el río, proyectaban una imagen de paz, de verdor y de frescura, desaparecieron también; las aguas enfurecidas los arrancaron de raíces en la creciente del 52.

Durante años he ido guardando artículos escritos por guayreños y personas que quieren y conocen la importancia de La Guayra, entre ellos, el escritor Casto Fulgencio López en su bello libro La Guayra; Pedro J. Linares, quien siempre quiso lo mejor para su terruño; Gumersindo Villasana, que siempre escribe valientes artículos sobre su tierra; Guillermo José Schael, Alfredo Schael, Martínez, Escobar, Juana de Ávila, Grau, Mariahé Pabón, y tantos otros que siempre se ocuparon de este problema; además de los que con su pintura contribuyen a exaltar las bellezas del primer puerto; pero todo queda en los periódicos, en las revistas y en los lienzos. Parece que no dejaran huella en los que tienen el deber de ocuparse de esos asuntos.

La Guayra es una ciudad en estado de emergencia. Empecemos el recorrido partiendo desde la aduana. La sensación que da al verla es de que se está esperando que caiga de una vez y para siempre. Muchinga, detrás de la aduana, un muladar a la entrada del puerto. Es elocuente ver a los turistas tapándose la nariz cuando cruzan las aguas negras que bajan hasta la calle Bolívar... Subamos por El León hasta la Cruz Verde, sin desviarnos por supuesto (único pedacito que puede verse por lo de la remodelación), aunque ya es triste ver como han roto los balaustres de las ventanas reconstruidas. Según vecinos, algunos niños de los alrededores se distraen en esa forma... En esta calle se conservan todavía algunas casas de las más grandes y bonitas; la antigua casa de las hermanas Pérez; la de don Celedonio Pérez F., la de la familia Wallis, la de los Pacanins, los Aranaga, García Monjuich, la de la familia Ortega, etc. Sigamos subiendo y al llegar a la Cruz Verde, usemos los anteojos de suela para no ver el panorama que nos ofrece el río Osorio. Antes, en este río, los niños hasta pescaban camarones en sus aguas limpias y los jóvenes de las familias guayreñas, profesionales y hombres de grandes negocios hoy en día, jugaban baseball en un plancito de sus orillas, ya que las cloacas estaban empotradas e iban al mar y los vecinos, dábamos nuestras basuras al aseo y no las echábamos al río. Ahora, en ese río, se confabulan la falta de higiene y de educación de muchos de los que viven en sus orillas, que tiran desde los desperdicios de la cocina, hasta colchones y demás implementos, y la falta de autoridad de los gobiernos de turno, que ni castigan al que lo ensucia, ni lo limpian tampoco, sino en esporádicas ocasiones, sin continuidad, que sería lo correcto. No se sabe que hacen los fiscales del aseo y de la sanidad.

Todo esto contribuye a que los dueños de casas en La Guayra se decepcionen y unido a que los alquileres son irrisorios, en comparación con lo que cuestan las reparaciones, prefieren dejar caer sus casas y hasta dejan que las coja el más vivo del pueblo. Ya casi no quedan techos de tejas, pues por lo costoso que sale repararlos, la gente los pone de asbesto. Esto se observa perfectamente si subimos a El Colorado y tomamos fotos de la ciudad desde allí.

Continuemos nuestro recorrido y extendámonos de la Cruz Verde hacia el Sur y hacia el Oeste. Todo en las mismas condiciones; las aceras rotas, la calzada destruida y sucia y todas sus bellas callecitas, empequeñecidas por el abandono, tanto de sus moradores, como de sus autoridades. A los unos habría que inyectarles civismo, amor por lo suyo, ansias de superación, educación, y a los otros responsabilidad en sus deberes, que no son, sino la protección que deben a los pueblos, en todo sentido, y autoridad para hacer cumplir las leyes.

La suciedad de los túneles que pasan por debajo de la avenida Soublette, en El Pachano y en el hospital Vargas, son algo que debe llamar a la reflexión, tanto a los del Aseo Urbano, como a la Sanidad y a los encargados de su mantenimiento.

En fin, el problema de La Guayra NUESTRO PRIMER PUERTO es tal, que debe ser un reto para el candidato que vaya a ser elegido Presidente. Adecentar, embellecer la entrada al país, es un negocio que no debe desapercibir el próximo gobierno y eso se conseguiría, trazándose como meta, ponerlo en ejecución, ya que los turistas no quieren ver más rascacielos; quieren y gozan viendo lo antiguo, lo típico de los países que visitan y ¿qué más que nuestro bello pueblecito con sabor a la Colonia? Por eso, si es que quieren hacer turismo en el Litoral, La Guayra debe ser el comienzo. Tratar de usarla como México usa inteligentemente a Taxco, un pueblo de conformación muy parecida a La Guayra en su parte alta, y el cual le deja muchas divisas a su país.

El casco de La Guayra, la ciudad en sí, es sumamente pequeño y bien pudiera hacerse lo que hizo en Petare el doctor Luis Felipe Luciani, quien se hizo eco del deseo de todos los petareños y con buena voluntad lo embelleció. Empedró sus calles, puso faroles de la época pasada y no sucedió como en La Guayra, que al pedazo restaurado le pusieron macadam y en vez de los faroles de entonces, modernas bombas de las que usa el Hilton en Caracas.

No hacer algo por la conservación de La Guayra ahora, es decretar su destrucción, mucho más pronto de lo que se cree.

Caracas, 11 de junio de 1989.

COMIDAS TRADICIONALES DE LA GUAYRA

Los guayreños éramos personas de vida sencilla y así eran nuestras comidas. Hijos de una ciudad marinera, nuestro sancocho de pescado era el plato favorito, y voy a hablarles de él: Los meros, los pargos y los carites eran los escogidos para nuestro hervido, acompañado por la yuca, el ñame, el ocumo, la papa y el mojito hecho con cilantro y ajos majados en el almirez, más un chorro de aceite de oliva y un poquito de limón y vinagre, hacían de él, una comida deliciosa. En algunas casas se sancochaban plátanos verdes y en otras, más maduros que pintones, aparte, y al servir el caldo con las verduras y el pescado en el plato, se le añadía un pedazo de ellos. De más esta decir que la cabeza del pescado era lo que daba más gusto al sancocho y nos chupábamos con fruición, hasta el último huesito.

Los chicharritos y los catacos eran clase aparte para nosotros. Compraban en casa las ensartas fresquesitas que subían los pescadores del puerto, por nuestra callecita de El León y a la hora que fuera, se arreglaban y freían tostaditos, para comerlos con hallaquitas de hojas, calienticos, cronchi, cronchi, como se dice ahora.

Comíamos tanto en La Guayra ese pececito, que los maiquetieños nos llamaban "come chicharros". Así les gritaban a las jugadoras de volibol de La Guayra, en la pequeña cancha de Maiquetía, despechados, cuando perdían el partido y nosotros nos reíamos, orgullosas de comer chicharritos que nos daban fósforo y fuerzas para ganarles. ¡Y todavía lo recordamos con alegría!

En La Guayra de esa época, también se comía mucho el cabrito. Había un señor que llamaban Antonio el Chivo, porque los tenía por montones en el cerro de El Gavilán y los vendía también en La Cabrería, los isleños criaban estos animalitos. Más tarde prohibieron la cría de chivos porque terminaban con la vegetación, dejaban los cerros pelados. Los chivitos tiernos eran muy apreciados en nuestra tierra; se asaban o se guisaban con papas. Este plato era delicioso y se acompañaba con funche aliñado, y encima, una buena limonada de papelón raspado.

En otro artículo continuaré hablándoles sobre este tema.

Caracas, 6 de octubre de 1989.

GRANGERÍAS Y DULCES EN LA GUAYRA

Copia de mi artículo publicado en el periódico Puerto de La Guayra, para los estudiantes de turismo y hotelería de la Universidad Simón Bolívar, Núcleo del Litoral.

Al regresar del colegio por las tardes, nos daban nuestra merienda. Muchas veces consistía en un delicioso arroz con leche, o un manjar de naranja, piña o coco, un platico de majarete o tequiche, de atol de harina con hojita de limón, de masamorra, de natillas o de gelatina de láminas con vainilla, todo hecho en casa. Otras, gofio con miel de abeja, cambur con gofio, mojadito; pero en otras oportunidades, queríamos comer un dulcesito de la granjería guayreña, que era muy variada y sabrosa. Entre estos teníamos la conserva de maní con papelón, de maní quemada, la de coco con papelón, la misma con azúcar y coloreada, la de piña, la de membrillo, de batata, de lechosa, de leche con chocolate, de ajonjolí, la cojita, los bocadillos; los gofios empolvaditos y divinos, los pan de hornos, los almidoncitos, alfondoques, melcochas de papelón y también de azúcar, las acemitas y los burritos hechos con la misma masa de las acemitas; pero en moldes especiales para imitar a los animalitos. Tostaditos, eran muy ricos, a mí me encantaban. Todos estos dulcesitos se conseguían en las pulperías a centavo. En aquellos tiempos las bodegas se llamaban pulperías y los que vendían en ellas, pulperos. También vendían en éstas los caramelos en palitos con figura de gallitos, de bolas; los pirulíes y los deliciosos papeloncitos con sabor a menta, a anís, frambuesa, hechos con azúcar blanca; y las gomitas de distintos colores y sabores. Teníamos también las galletas de María, grandes y tostaditas, los bastoncitos, las finas galletas de sagú, los bizcochos de butaque, los bizcochos de manteca, que eran esenciales para dárselos a los niños cuando les estaban saliendo los dientes, para que se rascaran las encías y los deliciosos dulces de pasta de la panadería del señor Marcou. Allí también se conseguían las bolas americanas, las almendras cubiertas con azúcar de colores y unos bebecitos lindos, del tamaño de las almendras cubiertas, que tenían un sirop muy rico por dentro. Estos últimos eran, unos americanos y otros franceses.

En la Semana Santa, el dulce especial era el clásico arroz con coco, endulzado con papelón y aliñado con las tres especias, clavo, pimienta dulce y canela, que le daban un exquisito sabor. Esto, junto con ensaladas de pescado salpreso, con papas bien aderezadas y luego una limonada o una chicha refrescante, eran las comidas de los Jueves y Viernes Santos, ya que en esos días no se debía cocinar.

También se comía en estos días, los bollitos de cambur, las pelotas y la cachapa de hojas y de budare.

Decían en La Guayra y creo que en toda Venezuela, que esos días eran sagrados y que por lo tanto, si barríamos, barríamos a Cristo, si prendíamos candela, lo quemábamos y si nos bañábamos nos volvíamos pescados. Entonces, todo se hacía con anticipación para no tener que ofender a Dios. ¡Así de sencillo! ¡Cuánta diferencia!

16

Para la noche de Navidad se usaba en todas las casas guayreñas, hacer dulce de lechosa con papelón y clavito de especia, por aliño. En nuestra casa hacían un bienmesabe o un juan sabroso y nuestra madre nos regalaba con una torta, rellena con dulce de coco. Otras veces hacían dulce de cabello de ángel, divinísimo. Acompañábamos esto en la mesa, con una ensalada de frutas criollas cortadas en pedacitos muy menuditos; una rosca de tunja cubierta de caramelo, las hallacas y los bollitos, el pan de jamón y un chocolate bien espeso, que tomábamos con deleite. Todo esto era criollito, pero no faltaban las nueces, las avellanas y el turrón de Jijona o de Alicante, que nos llegaba de España. ¡Bendito sea Dios! pues siempre pudimos adornar nuestra mesa y en ella pudieron disfrutar otras personas. Siempre recordamos que una vez no la íbamos a poder adornar así; y Dios nos mandó la ayuda de uno de nuestros vecinos. ¡Gracias, Vicentico!

En las Navidades todos nos entrecruzábamos dulcesitos hechos en casa, sin tener que hacer costosos regalos, ni sacrificios, como después ha venido sucediendo. Antes nos conformábamos con el cariño v el recuerdo.

Caracas, 24 de octubre de 1989.

LA CORPORACIÓN DEL PUERTO DE LA GUAYRA

La Corporación del Puerto de La Guayra fue sede de la Compañía Inglesa que manejó los asuntos del puerto hasta el 2 de junio de 1937, dos años después de la muerte del general Gómez, cuando los concejales de La Guayra, en nombre de su pueblo, pidieron al general López Contreras, Presidente para la fecha, cancelara lo que se adeudaba a dicha compañía, por la explotación del puerto. El contrato tenía una duración de 99 años. Los ingleses habían construido a cambio, el Tajamar, los muelles y rompeolas. El gobierno les pagó a la cuenta de The La Guayra Harbor Corp. Limited la cantidad de un millón de libras esterlinas y desde ese momento, pudo enarbolarse en ese lugar la bandera nacional, pues hasta entonces, para dolor de los guayreños, ahí se izaba la bandera británica.

Este edificio, que en nuestra infancia se llamó Corporación del Puerto, en manos de los ingleses, ahora el Portuario, está situado enfrente de la avenida Soublette y de la plaza Vargas, pintado con colores marineros, presenta un aspecto lastimero y ruinoso, sus techos de zinc dan lastima. ¿Sería muy costoso hacerle sus techos de tejas y pintarlo? La Guayra es el primer puerto de la República y se lo merece y lo espera.

Señor gobernador: como hemos visto que usted está interesado en La Guayra y el Litoral, le pedimos que empiece por La Guayra Colonial, que es la entrada al país. La patria se lo agradecerá. El tiempo apremia.

Caracas, 19 de marzo de 1989.

EL TEATRO LAMAS

El Teatro Lamas de La Guayra fue construido en 1927. Dueño de esta idea y de su ejecución fue el señor Lorenzo Machado, padre de una honorable familia guayreña. En esa tarea lo ayudó el señor Miguel Ferro.

La sociedad de La Guayra de esa época gozó con la construcción de esa obra, que impulsó grandemente la cultura de su pueblo. Los guayreños de todas las edades nos deleitábamos asistiendo a los actos culturales que en él se sucedían con frecuencia. Pudimos gozar de bellos dramas, entre ellos, "Juan José y la Mujer X"; con la compañía de Saavedra disfrutamos de la zarzuela "Las Musas Latinas" donde trabajó Margarita Mora, artista guayreña e internacional; de la compañía infantil de zarzuelas dirigida por Zapata, vimos "El Rey que Rabió", "La Viuda Alegre", etc.; oímos a la famosa Lucrecia Manzano, soprano que estudió en Italia; al señor Crisanto Marqfoy, tenor guayreño, cantando "La Leyenda del Beso"; asistimos a la presentación de Carlos Gardel; pudimos ver a la Asturianita, que utilizaba sus pies para manejar v escribir en máquina. Bellas señoritas guayreñas dirigidas por Ramirito, hicieron bonitas comedias musicales en él y tres niñas representaron una obra escrita por el reverendo padre Ángel Sáenz, de grata recordación, a beneficio de las misiones y a la que asistió el Nuncio Apostólico de aquella época. Al terminar, la ovación fue inmensa y el Nuncio felicitó y bendijo a las niñas por su buen trabajo.

Las niñas fueron Nery López, Ligia Blanco H. y Nieves Elena Blanco H. Pudimos deleitarnos viendo preciosos cuadros vivos representando el Nacimiento, en donde Pepita Pérez Bello, de lindo rostro, hizo el papel de la Virgen María.

Pues bien ¿no sería propicia la oportunidad para que los comerciantes guayreños y no guayreños, que han tenido toda la vida sus negocios en ese puerto, unidos a los bancos, compañía de teléfonos y luz eléctrica, los aeropuertos, las compañías de petróleo, compraran el viejo teatro y lo reconstruyeran y luego lo administraran como un negocio más?

Eso, además de servirles de propaganda, les permitiría rebajar el pago de los impuestos. Sé que la buena voluntad existe; lo que hay es que impulsarla de una vez y hacer una gran fundación, para llevarlo a cabo.

La Guayra, 17 de febrero de 1989.

LAS IGLESIAS DE LA GUAYRA

En La Guayra hay tres iglesias: la iglesia de San Pedro Apóstol, hoy Catedral; la ermita del Carmen y la de La Soledad en el Cardonal.

La iglesia de San Pedro es llamada por los guayreños "San Juan de Dios", creemos que por la asociación que se ha hecho con el hospital del mismo nombre que estaba a su lado. En ellas, entre otras imágenes sagradas, la del Santo Cristo de la Salud es la que mantiene, desde el año 1600, a los guayreños de todos los tiempos, unidos. De esta iglesia que fue fundada en el año de 1857, sus bellos pisos de mármol de Carrara, con sus lápidas con inscripciones de obispos y personalidades de la región enterrados allí, fueron levantados y junto con la araña de muchas luces y las bellísimas estaciones en forma de capillas, con las imágenes en alto relieve y su altar mayor, desaparecieron en la primera restauración, en la década del 50. Un error inconcebible, pero cierto.

En la ermita del Carmen es venerada la imagen de Nuestra Señora del Carmen, patrona de los marineros, de cuyo cuido, desde hace 56 años, se han ocupado con cariño y desinterés la señorita Rufinita Rodríguez C., ayudada por su sobrina Lesbia Calderón. Ellas mismas son las que han tenido el honor de confeccionarles los trajes a la Virgen y al Niño, cuando han necesitado cambiarlos. Han sido sus camareras y se han ocupado, además, de arreglar los pasos de la Semana Santa, durante todo ese tempo. A ellas debemos agradecer los guayreños el esmero con el cual han cumplido su labor y merecen el reconocimiento de los feligreses, como también de la Curia.

En esta ermita las campanas tocaban al Ángelus a las 6 de la tarde, y nuestras abuelas y madres nos decían: "El Ángel del Señor anunció a María" y nosotros respondíamos: "Y ella concibió por obra y gracia del Espíritu Santo". ¡Qué diferencia de tiempos!
El tañido de las campanas del Carmen era muy sonoro y alegre, sobre todo cuando el sábado a las 12 p.m., tocaban para anunciar el domingo. Los monaguillos de entonces, entre ellos, el después periodista Carlos Navarro Giral y el señor Ignacio Drayer, gozaban repicándolas con todas las fuerzas de su juventud.

Por medio de las campanas se anunciaban varias cosas en La Guayra de esos tiempos; doblaban como un lamento durante los entierros y las misas de difuntos; alertaban a cualquier hora del día o de la noche al pueblo, cuando había un incendio; repicaban alegres anunciando el Año Nuevo y junto con los cañones de El Vigía y las sirenas de los barcos surtos en el puerto, despedían el 31 de diciembre, todos los años, los guayreños.

Caracas, 16 de abril de 1989.

LA ERMITA DEL CARMEN DE LA GUAYRA

La primera ermita del Carmen de La Guayra fue terminada de construir en 1810 y destruida por el terremoto de 1812. Su reconstrucción duró 52 años y se le construyó la torre y colocó su magnífico reloj. Fue bendecida el 16 de julio de 1863 por el arzobispo Guevara y Lira. Nuestro abuelo, don Felipe Henríquez, fue su relojero desde el 1890 y pico, hasta su muerte. Luego tomó su puesto don Emiliano Ortega.

Sus campanas eran muy sonoras y alegres; a las 6 de la tarde tocaban al Ángelus; a las 9 de la noche una campanada triste tocaba a Silencio y los sábados a las 12 del día, repicaban a Rebato, anunciando el domingo.

Pues bien, nuestra bella y querida ermita, después de haber sido arreglada en cuatro gobiernos distintos, está nuevamente cerrada, no dicen misa, y no pueden celebrar en ella la Semana Santa tradicional, porque el techo es un manare, está próximo a caerse y toda ella presenta un aspecto lastimero, que ayer pudimos observar. También me dicen que su interior es una ruina: su reloj no funciona, habiendo dejado perder su jardín, donde un bello apamate adornaba el ambiente. Este parece que murió y con él, la alegría. Da vergüenza y produce ira, francamente, el que la hayan descuidado de tan vil manera. Si ha habido dinero para construir un seminario y para arreglar la iglesia de San Juan de Dios, hoy catedral, ¿por qué no se ha conservado nuestra bella ermita, que es una reliquia, una joya incalculable para los que amamos La Guayra y conocemos su valor?

En nuestra iglesia había ejercicios todos los días. Misas, rosarios por las tardes, confesiones, clases de catecismo, primeras comuniones, los pasos en la semana santa, misas de aguinaldo. Tenía un sacerdote asignado para ella, existía un sacristán que la cuidaba, unas señoras que se ocupaban de cuidar, vestir y hacerle ropa a su Virgen del Carmen y a su Magdalena; un relojero que arreglaba, aceitaba y mantenía su bello y útil reloj público, en horas; y además, monaguillos, jóvenes responsables, quienes repicaban las campanas; entre ellos, Carlos Navarro Giral e Ignacio Drayer. Al no llevarse a cabo estas tareas diariamente, la ermita cayó en desgracia y ha ido decayendo más y más todos los días, pues hasta la delincuencia, al ver su descuido, la ha utilizado para sus malas artes y muchos vecinos inconscientes, usan su bello atrio como basurero.

Pasado ya el 29 de junio, día del Cuatricentenario, sin haber sido reparada, esperamos sin embargo, que después de haber expuesto este problema a varias autoridades: al señor Presidente de la República, al señor gobernador y al presidente del Centro Simón Bolívar, ya se estén tomando las medidas necesarias para empezar sin pérdida de tiempo, la obra reconstructora de nuestra bella ermita; tratando de conservar su misma arquitectura; no tocarle sus pisos, que son de mármol de Carrara y no suceda como en la iglesia de San Juan de Dios, que cuando hace años la arreglaron, empezaron por quitarle su piso, que era de ese mismo material y además, desaparecieron sus estaciones y sus arañas, que eran verdaderas obras de arte, así como también, su bella pintura en la pared, en el arco cerca del techo, en la nave central que representaba a "Jesús caminando sobre las aguas" y a "Pedro y su barca", por no mandar a retocarla. Prefirieron hacerla desaparecer. Sus figuras eran de tamaño gigante.

¡Ahora tenemos que "jugarle limpio a la ermita del Carmen", antes que sea demasiado tarde!

Caracas, 2 de noviembre de 1989.

LA GUAYRA Y EL BARRIO DE MUCHINGA

En estos últimos tiempos hemos sido sorprendidos los guayreños y lo hemos comentado, por cierto, entre nosotros, que algunas personas al hablar o escribir sobre La Guayra, lo primero que hacen es la apología de Muchinga, a lo sórdido, a lo picaresco de ella, sin recordar lo que ese lugar fue en sus buenos y primeros tiempos: un sitio bello y elegante del puerto, con la Casa de la Factoría, Aduana o Guipuzcoana, que así la hemos llamado, al frente, y sus bellas casas señoriales, llenas de balcones, externos e internos, cayendo sobre hermosos patios, donde siempre había una fuentecita, o un pequeño estanque que servía para regar las plantas que lo adornaban y casi siempre eran, según mis antepasados: Un limonero, un granado y un parral, cuyos vástagos, traídos de la vieja España, daban dulces y hermosas uvas moscatel en La Guayra; y sin recordar tampoco, que esas residencias de Muchinga, fueron habitadas por gente honorable, laboriosa, de esa época; familias vascas y andaluzas que trajeron la civilización y el adelanto y estuvieron radicadas allí por muchos años.

Pues bien, he leído muchos artículos sobre Caracas y siempre hablan de su Ávila, de su benigno clima, del carácter extrovertido de su gente, del Libertador y de la plaza de su nombre y sus inolvidables retretas de otros tiempos; de la catedral y de la iglesia de San Francisco y su Ceiba y de la hermosura de nuestra santa Capilla, de su vieja universidad y de los valientes estudiantes del 28; pero nunca hablan, solazándose de las zonas prohibidas de El Silencio, el cual fue antro de corrupción por muchos años, hasta que el gobierno del Presidente Medina lo convirtió en lo que es hoy día.

Todas las ciudades del mundo, en especial sus puertos, tienen sus lupanares y sitios prohibidos, que siempre tratan de disimular, hasta cercándolos, como observé en una ciudad de Europa, para bien del resto de la ciudadanía, que no tienen que ver con eso y que les gusta más que salga a relucir la historia grande que deja algo a los espíritus; y no la que le apena y rebaja.

¡Hay que hacer apología a La Guayra grande, señores; pero a La Guayra grande en valores, la que sí se lo merece!

Caracas, 8 de julio de 1989.

JUEGOS Y OTRAS COSAS EN LA GUAYRA

En La Guayra de los años 20 y pico al 30 y tantos, a las niñas nos gustaba mucho jugar a las muñecas. Teníamos lindos bebes de goma, de celuloide y también humildes muñequitas con el cuerpecito de trapo, muy flexible, bien formadito y la cabeza y las extremidades de loza. Jugábamos a la mamá y le hacíamos vestiditos cuando podíamos coser. Siempre guiadas por nuestras madres. Especialmente me llamaban la atención los bebes negritos. Teníamos bellas zarandas que dejaban oír su música, mientras serenitas daban vueltas; jugábamos al pico pico; a la candelita, al escondido, treinta y uno, a La Guayra llega un barco cargado de: . . . , podré, el ratón y el gato, a la vieja, a la víbora, la gallina ciega, a la pelota; brincábamos mecate de varias maneras, ensartábamos perinolas y con el yoyo hacíamos maravillas; jugábamos dama china, ludo, lotería de muñequitos; hacíamos solo con las barajas y jugábamos también tute y carga la burra con ellas, sin apostar, por supuesto. Nuestro padre nos decía que uno de los peores vicios era el juego haciendo apuestas. Bautizábamos nuestros muñecos y lo celebrábamos con una merienda. De más está decir que quedábamos y nos llamábamos compadres. Hacíamos ruedas y agarradas de la mano, cantábamos doñana, que tiene la música de nuestro Himno Nacional; jugábamos matarilerileron, la pájara pinta, al sereni serenao, con pan y melao, arroz con leche; decíamos adivinanzas, recitábamos y cantábamos las canciones que nos enseñaban en el colegio. Los niños jugaban a la guerra, policía y ladrón, gárgaro malojo que te pica el ojo, baseball, metras, trompos, volaban papagayos y se deleitaban maniobrando gurrufíos y ambos, tanto los varones como las hembras, patinábamos, montábamos patinetas de manubrio y dos ruedas y también velocípedos y bicicletas.

Mientras los niños jugábamos, siempre los varones aparte de las hembras, nuestras familias se sentaban a la puerta de las casas; así nos vigilaban y mientras tanto, contaban cuentos de muertos, de entierros de botijuelas llenas de monedas de oro, dejados por los españoles que huyeron cuando el Decreto de Guerra a Muerte. Entre estos cuentos, La Mula Maneada, la Sayona, La Llorona, nos hacían estremecer de miedo. Estos, junto con el Chupahueso y La Pavita, pájaros de mal agüero, que anunciaban la muerte cuando había un enfermo grave, a más de una persona le ponían la carne de gallina. Muchos no lo creían, pero lo dudaban. Eran otros tiempos, muy diferentes a los de ahora. Era otra vida.

Caracas, 5 de julio de 1989.

Garita en el Camino de los Españoles.

Atrio en la Iglesia de San Pedro.

Depósito de pólvora frente al Fortín de Punta de Mulatos.

Hotel Canadá.

La pólvora – Depósito de Municiones de Guerra.

Fuente en la Caja de Agua.

Bar "Las Gradillas", de Vicente Rodríguez.

Balcón hacia el Río Osorio en la casa de Don José María España.

LA GUAYRA, "VIENTO VELOZ DE FUEGO"

Allá en La Guayra, que en el dialecto de los indios Tarmas tenía ese expresivo significado, cuando desde el paseo, frente al mar, nos deleitábamos observando a los alcatraces, que en su vuelo formaban figuras que parecían letras y que luego, se lanzaban en picada a pescar la sardinita que habían visto desde arriba, recordábamos la leyenda del Cacique Naiquatá y de los indios de la región, que adoraban estas bellas e imponentes aves y que, un día, teniendo preparada ya la ceremonia y empezado el ritual en que debían dar muerte a un español enemigo, logró pasar volando por encima de ellos, una bandada de alcatraces en formación tal, que atemorizó a los indígenas y que, tomándolo como una advertencia premonitora de castigos venideros, si asesinaban al prisionero, le perdonaron la vida.

Cada pedacito de La Guayra trae para nosotros un recuerdo. Pensando en ella, una película retrospectiva va pasando por nuestra memoria. En la primera escena, la inmensidad de nuestro bello y bravo mar aparece y de seguida vemos El Cantón, antiguamente llamado Puerta de Caracas, y en este mismo lugar, la casita de los abuelos paternos, y van llegando las imágenes unas tras otras y observamos, aunque ya desaparecieron, a "Las Dos Comadres", dos peñas muy grandes a las que se les daba ese nombre y que estaban dentro del mar, donde hoy se encuentran los almacenes del puerto. Cuenta la leyenda que esas piedras eran dos comadres que pelearon y Dios en castigo por haber faltado contra el sacramento que habían contraído al bautizar uno de los hijos, las petrificó, y en nuestros años niños, lo creíamos a pie firme.

Continúa la película y nos aparece la aduana vieja, el almacén de don Celedonio Pérez, distinguido hombre de negocios y querido hombre de La Guayra; luego la estación del ferrocarril; los kioscos donde vendían cesticas de caracolitos rosados que parecían mariposas; el café de la estación, la placita Vargas; la bota colorada y subiendo con nosotros, las imágenes van llevándonos por la calle Bolívar y nos muestran la farmacia de Valdivieso; el balcón corrido de los Elías y el del antiguo hotel Neptuno; la tienda de Naranjo; la casa de dos balconcetes frente a la esquina de El León, residencia de nuestros abuelos maternos y sede de la ferretería El Ancla, de su propiedad, en donde después funcionó la ferretería de Rito Blanco; seguimos la cuesta de El León y recordamos la sastrería de nuestro buen amigo don Antonio Franklin y luego, se nos presentan en tropel, los chinitos de la lavandería, todavía usando su coleta y sus pantalones y sacos largos, blancos.

Nuestra cinta aquí se detiene para que contemplemos las dos escuelas donde disfrutamos nuestra infancia: la escuela Vargas, dirigida por misia Elisa de Alas, distinguida profesora y respetable amiga nuestra y el colegio San José de Tarbes, en la bellísima casa colonial de la familia Wallis, y donde las reverendas hermanas Marie Alfred, Jacinta, Luisa Teresa y Susana, guiaron nuestros primeros pasos. A estas reverendas hermanas agradeceremos eternamente, el que, habiendo regresado nuestro padre del exilio y todavía mandando el dictador, llamaron a mi padre y le manifestaron que, al menor asomo de peligro, se dirigiera al colegio, a la hora que fuera, que ellas colocarían en el zaguán la bandera francesa y nadie osaría entrar y que ellas llamarían al cónsul Frances para que lo sacara del país. A nuestras reverendas maestras y a La Guayra, mi tierra, les dedico estas líneas llenas de gratitud y amables recuerdos.

Caracas, 11 de mayo de 1983.

¿CONOCE USTED BIEN LA GUAYRA COLONIAL?

¿Ha subido usted algún domingo de los que va al Litoral a ver La Guayra Colonial? Si es así, seguramente habrá llegado hasta La Pólvora y por supuesto, recordado su historia; ha visitado la ermita del Carmen, que tiene 126 años después de haber sido construida por segunda vez; ha disfrutado al recordar como nuestros antepasados subían a Caracas, por el camino empedrado de los españoles, construido por manos esclavas de aquella época, donde muchos perdieron la vida, y ha recorrido sus bellas callecitas, que hasta el 1936 eran de piedra y que son bellas todavía, a pesar del deterioro en que han ido cayendo día tras día; tal vez ha visto desde lejos El Vigía, atalaya que defendió una y mil veces a Venezuela de los piratas, y de los que nos bloquearon el puerto, por la deuda que el país había contraído con varios países extranjeros.

La Guayra era un pueblecito acogedor. Sus calles angostas para protegerse un poco del ardiente sol, como las de Toledo y Andalucía en España; sus techos de tejas, sus balcones y ventanas balaustradas con lindas romanillas de madera, finamente caladas; su río limpio, con agua clara y abundante, a la sombra de sus matapalos e higuerotes gigantes; sus lindas iglesias, el paseo junto al mar, sus placitas y plazoletas con sus bellas fuentes y hasta ¿por qué no nombrar entre los gratos recuerdos, los finos dulces de pasta, el pan Francés, las galletas de sagú, el pancito español sobado, con rombitos que adornaban su corteza, las acemitas y las galletas de María, de la panadería del señor León Marcou?, pero sobre todo, su gente culta, amable, trabajadora, sencilla, siempre dispuesta a dar la mano al forastero venido de los cuatro puntos cardinales del país y también del extranjero.

Los guayreños nos preguntamos si estas cosas podrán volver a ser como eran, si los problemas de La Guayra tendrán solución. Sin embargo, esperamos con fe que el nuevo gobierno cumpla lo prometido y que en compañía de sus habitantes, haga de La Guayra un lugar atractivo para el turismo. La Guayra es el primer puerto, el espejo del país y lo merece. ¡Hay que empezar antes de que sea tarde!

Caracas, 18 de julio de 1989.

EL VIGÍA DE LA GUAYRA

El Vigía, Fuerte del Príncipe o Zamuro, fue construido por el gobernador Francisco de Alberro en el siglo XVII. Luego fue ampliado por el Conde Roncalí en el 1770.

Es un deber de patria, que nuestro viejo Vigía, centinela de La Guayra y atalaya de Caracas y pueblos vecinos, sea reconstruido. Ese ha sido un fuerte militar importante que nos defendió de ataques por el mar, y, ¿quién dice que no será necesitado otra vez? ¿Cómo se defendería La Guayra de un ataque desde el mar?

El Vigía para los guayreños que aprendimos a amarlo desde niños es una reliquia, una joya histórica. Él defendió a La Guayra de los ataques de los piratas, una y otra vez; por él sabíamos qué barco entraba a la rada; si eran nacionales, mercantiles o de guerra; si eran ingleses, alemanes, holandeses o franceses, etc., y los obreros salían raudos de sus casas para el muelle a trabajar, por su aviso oportuno. También disparaba sus cañones para avisar la llegada de una persona importante y el 31 de diciembre, para saludar el Año Nuevo.

El día 16 de julio de 1916 fue la terrible explosión de El Vigía, que dejó muchas víctimas entre los soldados del fuerte. Uno de ellos voló encima de una plancha de zinc que estaba pintando y aterrizó en el circo, en El Colorado, sin hacerse daño. Al caer, con la velocidad que llevaba, siguió corriendo hasta que lo paró la pared de una casita. El coronel guayreño, Gabriel Elster, su jefe, tuvo una actuación muy valiente durante la tragedia y en el bloqueo también.

En fin, lanzamos un SOS al señor Ministro de la Defensa para ver si, en honor de tantos servicios prestados por nuestro centinela de la patria, durante tantos años, utiliza la Ingeniería Militar, dirigida por algún experto, para arreglarlo. No hay que dejar para mañana lo que se puede hacer hoy y los guayreños y el país se lo agradecerán.

Caracas, 2 de marzo de 1989.

SEMÁFORO DE EL VIGÍA DE LA GUAYRA

Anunciando el arribo de buques al Puerto

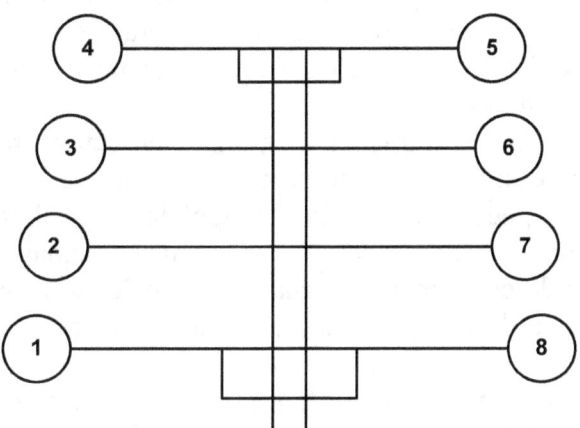

Repique anunciando buque

8 - Barco a la vista.	6 - Pasa del puerto.
13 - Buque de guerra nacional	14 - Buque mercante nacional.
23 - Buque de guerra americano.	24 - Buque mercante americano.
15 - Buque de guerra francés.	16 - Buque mercante francés.
17 - Buque de guerra inglés.	18 - Buque mercante inglés.
34 - Buque de guerra alemán.	35 - Buque mercante alemán.
27 - Buque de guerra holandés.	28 - Buque mercante holandés.
	37 - Buque mercante español.
	45 - Buque mercante italiano.
	26 - Buque mercante noruego.
	124 - Buque mercante japonés.

Al haber repique de campanas significa que hay buque a la vista, apareciendo todos los números.

Si el buque viene a puerto, aparece el Nº8; pero si el buque sigue su ruta, aparece el Nº6.

Si las placas que aparecen entre el Nº1 y el Nº8 están visibles, significa que el buque viene del Sur-Oeste; pero si aparece la que está entre el Nº4 y Nº5, viene el buque del Nor-Este. [1]

Caracas, 6 de octubre de 1989.

---

[1] Datos suministrados a mí bondadosamente por el periodista Carlos Navarro Giral.

PERSONAJES POPULARES DE LA GUAYRA I

En La Guayra de los años 30 y 50 vivían muchos personajes a los que el vulgo, por cualquier falla que tenían en su físico o en su manera de ser, les endilgaba cualquier remoquete o sobrenombre. Esas personas también formaban parte del pueblo y eran queridos por todos. Empezaré por nombrar a:

El señor Luis Salas, a quien llamaban Camión. Este señor era alto y muy fuerte y se montaba un escaparate en el hombro, como si fuera una barajita. Hacía de carro fúnebre del hospital San Juan de Dios, pues en compañía de Guelefó y Sin Paltó, compañeros de lucha, cargaban las urnas de los pobres de solemnidad y las llevaban hasta el cementerio, en Guanape. De vez en cuando colocaban las urnas en el suelo, se echaban un palito, sacaba él sus maracas y se sentaban a descansar, mientras tocaba entusiasmado. Luego continuaban el viaje.

Maestro Naco, viejo y querido albañil de La Guayra, experto en acomodar las tejas que rodaban los gatos y los estampidos de los cañones de El Vigía, a quienes los muchachos llamaban Tun-tu-ne-co, por los movimientos que hacía al caminar, pues cojeaba; cuando pasaba por una esquina donde estaban reunidos los muchachos y no le decían nada, porque no lo habían visto, les gritaba, levantando el garrote que siempre llevaba en las manos y amenazándolos: "Ajá, ¿a qué ahora no me dicen Tuntuneco?". De más está decir que los muchachos le gritaban y que él, dando vueltas con su palo, en todas direcciones, nunca les pegaba. Esa era parte de su vida.

En La Guayra había dos personas a las que llamaban Fosforito, uno era viejito y blanco, de ojos azulitos; y el otro, joven y negrito. Éste, después de varios años, perdió una de sus manos al estallarle un cohetón.

El señor José Piojito era un carnicero muy amable y querido de La Guayra. Este señor sobaba pies y manos descompuestas y tenía su consultorio en el mismo puesto en el mercado, donde hacía llorar al hombre más pintado, del dolor. Un día que fuimos a recibir a una de mis hermanitas que venía de Curazao, de visitar a mi padre, me caí y me lujé una mano. José Piojito fue a mi casa a sobármela y como por arte de magia me la llevó a su puesto y desapareció el terrible dolor que sentía. Bendito sea José Piojito, que debe estar en el cielo. Yo tenía 10 años.

Caracas, 6 de julio de 1989.

PERSONAJES POPULARES DE LA GUAYRA II

Hoy voy a hablarles de otros personajes de La Guayra que también formaban parte de nuestra vida diaria y que, cada uno a su manera ayudaba al devenir del puerto, porque todos trabajaban.

El maestro Brinquito era cojo y por eso tenía una manera muy particular de caminar. Él era albañil, de los expertos en arreglar tejados y además, era el ejecutivo que comandaba con ahínco, tesón y con resultados excelentes, las fiestas de la Cruz de Mayo, el día tres de ese mes y el Entierro de la Sardina, los Miércoles de Ceniza, fiestas tradicionales que siempre eran esplendorosas y llenas de colorido y alegría. Año tras año las organizaba, hasta que la muerte se lo llevó. ¡Pobre Guayra mía! Con la ida de Brinquito, perdió esa linda parte de su folklore.

El señor Guelefó era un pobre hombre que, como su nombre lo indica, no andaba muy limpio que digamos; pero él, junto con el señor Camión y el señor Sin Paltó, cargaban los entierros de los pobres de solemnidad del hospital San Juan de Dios. Hacían las veces de carro fúnebre. Eran tres hombres muy útiles.

El más inteligente de estos personajes, para mí, fue "Don Carlos Chorrito". Este era un señor bajito, muy arregladito siempre, que vendía café en la puerta del mercado, frente a la Logia y la Sociedad Mutuo Auxilio. Ya en la noche, cuando su café se había terminado, llenaba su gran cafetera de agua, le abría 1/4 de la llave, por donde salía el chorrito que iba regando las calles, desde el mercado hasta su casa en La Guayra arriba, donde vivía. De ahí el remoquete.

Nuestro padre trabajaba en un aserradero de Caracas y un día se presentó don Carlos Chorrito y le dijo: "Don Vicente, subí a Caracas porque quiero que me tome las medidas..." "¿Y para qué?", le dijo nuestro padre. - Porque quiero que me mande a cortar la madera, ya que he decidido que el señor Agustín, viejo carpintero del puerto, me haga mi urna. No tengo familia y no deseo que me entierren en las urnas del hospital, porque a veces le quedan los pies del muerto fuera Yo guardaré mi urna debajo de mi cama y se lo diré a todos los que me conocen para que sepan, cuando llegue mi hora. Y dicho como hecho, el pobre Carlos Chorrito murió de repente una noche, solito y los vecinos abrieron la puerta y lo acomodaron en su urna, que con tanto celo había guardado debajo de su cama por tanto tiempo... ¡Que en paz descansen todos! Otro día les contaré más sobre otros personajes de La Guayra.

Caracas, 25 de julio de 1989.

PERSONAJES POPULARES DE LA GUAYRA III

Hoy continuaré con mi tercer artículo sobre estos personajes que han dejado huella en el sentimiento de los guayreños y sé que al leerlo, los que los conocieron, recordarán con cariñoso respeto.

Empezaré por presentarles al señor Mondongo. El era bastante más trigueño que un indio; cuando yo tenía siete años, él tendría cuarenta y cinco años, pero yo lo veía más viejito. Lo llamaban así porque se ponía lo que le regalaban; no le importaba si eran pantalones y sacos muy largos y muy anchos; él los usaba muy campante y luego, siempre cargaba los bolsillos llenos de cosas que le abultaban mucho. Nosotros pudimos verlo esporádicamente, pero muy de cerca, en Curucutí, donde temperábamos, recogiendo hermosas guayabas para que hicieran jalea en mi casa, abanicando el anafe para que los carbones prendieran, en el solar de la casa, a campo traviesa, pues la casita en que vivíamos estaba dentro de un bosque de guayabas, caujaritos, jabillos y un árbol que daba unas fruticas amarillas, que no se comían y llamaban olivo. Nos decían que el que se sentara debajo de su ramaje, se hinchaba. Mondongo también hacía brillar nuestros cubiertos, frotándolos con un polvillo que se usaba para eso. Él siempre sonreía, con la ingenuidad de los pobres de espíritu. En mi casa le daban su comida y algo de dinero. Quiere decir, que él trabajaba, no era pedigüeño.

Cuando los muchachos tremendos le decían para asustarlo: ¡Mondongo, ahí viene la policía!, el decía muy tranquilo: "Zamuro, zamuro no cae en trampa, porque zamuro come bailando"... Un día se desapareció de La Guayra y no lo vimos más ...

Luisa, la Garrafona, era una mujer a quien pusieron ese sobrenombre porque al marido lo llamaban Garrafón. Era una mujer muy delgadita, blanca y se peinaba crinejitas. Su vestimenta era muy pobre. Ella se ocupaba de recoger cuanto perro vagabundo había. Tenía varios perros chinos, de esos que no les crece pelo y su cuero negro, era muy brillante y liso. Cuando bajaba por nuestra calle, desde su ranchito en La Guayra arriba, situada en un risco frente a La Pólvora, iba como con treinta perros que le seguían, y decía la gente: "ahí va la Garrafona con su perramentazón atrás". Todos nos admirábamos de ver cómo quería a sus animales y nos reíamos al verla pasar tan oronda, como si fuera lo más natural del mundo, como si nadie la estuviera viendo, impávida, como si dijera en silencio: "aquí voy con mis perros y ¿qué les importa a ustedes eso?". Así era la Luisa de nuestra historia guayreña.

Caracas, 15 de agosto de 1989.

PERSONAJES POPULARES DE LA GUAYRA IV

Fue en La Guayra de mi infancia y de mi juventud larga la lista de los personajes populares que en ella compartían la vida de aquel pueblo, donde el tiempo se deslizaba lentamente, sin las angustias que nos trajo la civilización.

En esos días, vivió allí una señora a quien llamábamos Polonia la Maquinita. Era bajita, vestía de blanco, mangas largas y cuello alto y unas botitas, blancas también, de taconcito, que sonaban mucho al caminar. Usaba su sombrerito de Panamá y caminaba con un pasito menudo y ligerito.

Cuando pasaba por casa y veía a mi mamá, al saludarla le decía: "Buenos días, señores, aquí va Polonia, parriba y pabajo y poca conversación". Algunos comentaban amedrentados, no sé si sería cierto, que era espía del gobierno de Gómez. Era andina y en esa época, en todo el centro de la República se tenía recelo de la gente de los Andes y justos pagaban por pecadores. Es triste, pero es cierto.

En el Puente de Jesús vivían entre otros, las familias Roquette, Pablo Ramírez, Landaeta Delgado, García Leandro, Antonio Juan Leandro, Antonio Sillié, Torrealba Morales y frente a la familia Badillo Giral, en un plancito que existía detrás del brocal del río Osorio, vivía nuestra Polonia.

Ahí tenía un kiosco y vendía empanadas y otras chucherías. Un día que fuimos a comprarle algo, nos mandó pasar y me encantó la forma en que tenía arreglado su mínimo dormitorio. Una repisa con muchos santos y una lamparita que los alumbraba; su pequeña cama lucía preciosa, con una colcha muy trabajada, hecha de retacitos; un aguamanil de tres patas con su ponchera y su jarra y un gatito en un rincón durmiendo la siesta, conformaban un cuadro vivo muy interesante para mí, y yo, que en ese momento tenía ocho años, me sentía en la casita de Blanca Nieves y los siete enanitos y me impresionó tanto, que al bajar para mi casa, arrinconé a mi hermanita en un recodo del muro del río, cerca del corral de los bueyes y le repetía una y otra vez, según me contó la señora Angelita Escudero de Gómez, que me oyó: "¡Ay Ligia, esa camita de Polonia es un encanto fatual!" No sé de dónde sacaría esa expresión. Hace tantos años que eso pasó y ella, quien ahora tiene noventa y ocho años, no se ha olvidado y todavía me lo recuerda y me llama "mi encanto fatual".

Pues bien, Polonia se nos fue un día y no volvimos a verla más. ¿Para dónde se iría? ¡Vaya usted a saberlo! Se fue como vino, sigilosamente, sin dejar rastro.

Caracas, 19 de agosto de 1989.

PERSONAJES POPULARES DE LA GUAYRA V

Uno de los más interesantes de estos personajes fue la Reyna Mora, a quien llamaban así por la gran cantidad de adornos que se ponía. Collares, pulseras, sortijas y en este afán desmedido e inconsciente de adornarse, usaba hasta las sortijas de papel que traían los tabacos habanos y que recolectaban en el suelo de las bodegas del pueblo. Así ella se sentía feliz.

Sofía la Ñara fue una mujer que vivía río arriba, en una cueva cerca de La Toma, con todos los gatos que recogía y criaba y por supuesto, la acompañaban a donde ella iba. Esto nos lo contaban, porque ya no existía en la época de nuestra infancia. Nos dijeron que había muerto en la montaña de Guaracarumbo, comida tal vez por un tigre de los que por allí merodeaban, ya que encontraron su vestido, sus zapatos y parte de sus huesos, algunos campesinos de la región que la conocían.

Chivita Rucia era un policía. Los muchachos tremendos de esa época, les gritaban: "policía, carauta fría, guarda la carne pal mediodía" y se escondían o corrían. A los chinitos de la lavandería le decían: "Chino, maluco, ladrón". A otro guardia que parecía chino, le decía "Chino, lecoge cabo lalón". Este señor era andino y bastante mayor. Era muy amable con nosotros cuando íbamos a visitar a nuestro padre que estaba preso por ser anti-gomecista, antes de partir para el destierro a Curazao. ¡Gracias a nuestro viejo guardián!

Marcolina era una señora que vendía maní y los pregonaba así: "Maní tostado y caliente pa' las viejas que no tienen diente", "Maní, maní, cara e' maní"...

Las Postales eran unas señoritas que se asomaban a la ventana a cualquier hora, siempre muy arregladas y pintadas.

María la "O" era una negrita bonita, que vestía a la antigua, usaba su refajo arremangado, un pañuelo amarrado a la cabeza y un rollo encima para montarse la cesta. Vendía hierbas, que anunciaba así: "Hierba mora, cebadilla, aquí va la tua, tua". No faltaría quien le dijera, "tua lorito tua, la pava".

Don Tomás el Astrónomo, y él se lo creía a pie juntillas, se paraba en la Cruz Verde y le decía al que por allí pasara: Pregúnteme, pregúnteme sí va a llover mañana, que yo les digo, que se los digo y se ponía a observar el cielo y muchas veces acertaba. Seguramente era campesino y ellos por experiencia, conocen cuando va a llover.

Facunda era una pobre muchacha contrahecha que vivía en El Colorado, además era retrasada mental; pero ella hacía mandados y trabajaba en su casa. A pesar de sus anormalidades, salió en estado y murió en el parto, no pudo tener a su hijo. Todos en La Guayra lo sentimos y criticamos la conducta inconsciente del padre.

Remigio, patica de ladrón, era un negrito que vivía en El Colorado y hacía mandados.

María Patico era una señora que vivía en El Colorado y como al marido lo llamaban así, le endilgaban el sobrenombre a ella también. Burro con Sueño era un joven que vendía quintos y como tenía siempre los ojos entre-cerrados, le decían de esa manera.

Tomasa, la ciega era terrible. Blasfemaba e insultaba al que la tropezara, aunque fuera sin culpa le decía groserías y luego le disparaba esta maldición: "Donde yo compré hay para vender". Un día que ella iba bajando por la calle de El León, venía la cieguita de Maiquetía subiendo y se tropezaron duro y las dos con el palo que llevaban para guiarse se cayeron a palos. Ninguna sabía que la otra era ciega. La que alzó el palo primero fue Tomasa.

Marcos el cieguito era todo lo contrario, se casó, tuvo sus hijos que crió con la venta de sus quintos de lotería y siempre estaba de buen humor, siempre amable y cariñoso. Su desgracia no lo amargó. Era muy querido en La Guayra.

Cirilí era un señor zambo, de pelo muy liso, que vendía pescado por la calle. Él, según recuerda mi amiga Gladys Guédez, sufría de ataques de epilepsia y cuando le daba y soltaba la caja con sus pescados, los muchachos malos, que siempre han existido, se los quitaban de su cesta y el pobre hombre se quedaba, como quien dice, con los ojos claros y sin vista, al despertarse.

Voy a hablarles ahora del Duque de Rocas Negras, cuyo nombre era Vito Modesto Franklin, guayreño, hijo de una familia muy honrada del lugar.

Se distinguió en La Guayra por su manera atribiliaria de actuar y de vivir. Fue a España de donde trajo ese título nobiliario que usaba como si verdaderamente fuera suyo. Tenía delirio de grandeza y a todo costo y a su manera, lo consiguió.

Su modo de vestir era extremadamente elegante: casaca, chaleco, botines de charol, guetas, una flor siempre en el ojal y su monóculo. Jugaba de todo y mucho y ganaba grandes sumas de dinero, dicen que a fuerza de viveza y astucia.

Una vez se consiguió una sotana y se vistió de cura, cuando llegó a sus oídos que una viuda dejaría su fortuna al primer guayreño que se ordenara de sacerdote. Impartía bendiciones, echaba agua bendita y hasta confesaba a muchas mujeres que no sabían lo que el curita se traía.

En un garito de Macuto desbancó un juego, con dados cargados se fue por la parte de atrás con su bolsa de morocotas y con su sotana puesta.

Luego se fue a Caracas y con el producto de lo que ganaba jugando se compro un landó, donde paseaba a menudo por las calles de Caracas y con la capota baja, para que lo vieran. Sentía placer con eso. A su chofer a quien llamaba Laberinto, lo hacía vestir de hindú. Construyó el teatro Olimpia, en donde presentaba artistas nacionales, como Saavedra y su compañía y también extranjeros, como Lola Flores, de quien se enamoró locamente. Hizo una gran función, donde representaba al dios Apolo, fue coronado por ella. Cuentan que Lola le dijo al oído que le obsequiara su anillo de brillantes y él, ni corto ni perezoso le mandó una réplica falsa. [2]

Él instituyó el vitoquismo en Caracas. Especie de narcisismo. Cuando un joven se arreglaba mucho y lo hacía para lucirse, le decían que estaba vitoqueado.

Tuvo un accidente en una pierna y esto hizo que empezara su decadencia. Después de tanto esplendor y tanto boato y tantos humos de grandeza, volvió a ser lo que había sido en

---

[2] Apuntes tomados del casette "Homenaje a La Guayra", narración de Juan Manuel Álvarez.

su temprana edad; pero triste y derrotado. Pobre Vito Modesto, Duque de Rocas Negras, que a pesar de todo nos enseñó a no vitoquearnos por nada, porque polvo somos y en polvo nos convertiremos.

He terminado mi quinto artículo sobre personajes populares de La Guayra, espero que lo hayan disfrutado y que hayan aprendido algo más de lo que pasaba en nuestro terruño en los años de mi infancia, 40, 50, ó 60 y pico años atrás.

Caracas, 22 de agosto de 1989.

La Ermita del Carmen.

La Plazoleta del Carmen.

Apamate en la Ermita del Carmen.

Tejados guayreños.

Callejón de San Antonio.

Bar "Las Delicias".

Callejón de San Antonio.

Balcones del Osorio.

Callejón "Sal si puedes".

Casa en El Caracol.

Uveros en Macuto.

En el Puente de Jesús.

MÉDICOS Y PARTERAS DE LA GUAYRA

Hace más de 50 años en La Guayra existían varios médicos que trabajaban en el hospital de San Juan de Dios, en la Sanidad, en la Cruz Roja, en sus clínicas particulares y también visitaban todos los días a sus pacientes, en sus casas, hasta que sanaran.

Nuestros padres nos hablaban de varios médicos que estuvieron en años anteriores: el doctor R. Gómez Peraza, el doctor Delgado Palacios y el doctor Quintero Quintero, el doctor Luis Velásquez, todos muy distinguidos y apreciados en La Guayra.

En 1936, el doctor César Almaral y el doctor Henrique Palacios eran los médicos más antiguos de nuestro puerto; luego vinieron: el doctor Humberto De Pascualli, el doctor Manuel Acosta Silva, el doctor Guillermo Negrete de Windt, el doctor Edmundo Fernández, el doctor Manuel V. Méndez Gimón, el doctor Víctor García Salazar y el doctor Luis Lozano Gómez.

El doctor César Almaral era nuestro médico de cabecera. Era cariñoso y considerado con sus enfermos, que veían en él, además del profesional que curaría sus enfermedades, al amigo preocupado por sus dolencias y por su situación económica. Era un médico muy humanitario.

El doctor Almaral era partero. Algunas veces lo ayudaba en su trabajo, su hija Carmen, quien murió muy joven. El doctor tuvo una enfermedad grave, que lo fue afectando hasta no poder trabajar más. Perdió entonces La Guayra un profesional y un amigo, y nosotros, nuestro insigne médico de cabecera.

En esos tiempos, las señoras daban a luz en sus casas, atendidas primero por parteras. En casos graves, se acudía a los médicos.

Una de ellas, según nos contaron en casa, se llamaba Maniní. Esta fue una de las más renombradas. Al llegar a casa de la parturienta pedía una mesa, la cual cubría con papel de periódico, colocaba una estatuilla de San Ramón y le prendía una velita. Este era el santo patrono de las parturientas. Luego pedía una ponchera con agua caliente y así, comenzaba su trabajo. Asistía a señoras pudientes y a las pobres también. Cobraba sesenta bolívares de honorarios.

Otra partera de La Guayra era la señora Isabel Iriarte, llamada por todos Isabel la Católica. Esta atendió nuestro nacimiento. Nuestras madres nos enseñaron a quererlas y hasta les pedíamos la bendición. La última vez que vimos a Isabel se desplazaba montada en un burrito, hasta La Pólvora, lugar donde vivía. La vi llorando a las puertas de mi casa, por la muerte de mi padrino, el capitán de fragata Ramón Díaz F., a quien ella mucho apreciaba. Yo tenía apenas cuatro años y nunca se me ha olvidado.

Otra partera querida de La Guayra era la señora Inés Iriarte, a quien los niños que ayudaba a nacer, la llamaban mamá Inés. Todas esas cosas eran corrientes en La Guayra de esos tiempos.

Caracas, 9 de mayo de 1989.

LA GUAYRA MILLONARIA

En estos días los que amamos a La Guayra, estamos entusiasmados, pues creemos que, buena parte del dinero ofrecido para mejorar el Litoral Central, le correspondería a ella, por ser el primer puerto de la República, la entrada a nuestro país.

Ya nos imaginamos, por supuesto, que terminarán el paseo de La Guayra a Macuto, que empezó el doctor Diego Arria y que no pudo ser concluido por el pasado gobierno. Desde que hicieron la autopista y desapareció el paseo 24 de Julio, muy pocas personas se han dado cuenta del inmenso daño que se hizo a La Guayra, a su juventud, a todos los habitantes de ese sufrido puerto. Esa era la única diversión, adonde sin costo alguno, íbamos los guayreños a gozar de la brisa marina, después de un día de calor sofocante, y alternábamos con amigos y familiares, paseando por las noches a la orilla del mar. Desde que desapareció el paseo, sus habitantes quedaron aislados, reducidos al solo casco de la ciudad en su parte alta, y eso trajo como consecuencia, muchas calamidades sociales. Menos mal, que después de muchos años, reconstruyeron la Aduana Vieja o Guipuzcoana y se están efectuando diferentes eventos culturales, que tanta falta hacían a ese pueblo.

Suponemos que dedicarán parte del dinero ofrecido, para reparar las antiguas ventanas coloniales, reventadas por camiones de gran tonelaje y que pedirán con cierta autoridad a las fábricas de refrescos, bebidas alcohólicas, al Aseo Urbano, transportes de mudanzas y hasta al mismo Cuerpo de Bomberos, que utilicen carros de tamaño especial para subir a La Guayra y no se siga destruyendo así lo que tanto costó reconstruir. Hay que recordar también que La Guayra es un pueblo de calles especiales, y si nos vanagloriamos que es colonial, tenemos que conservarla entre todos.

Creemos los nativos de ese pueblo, que se deben restaurar las murallas del río Osorio como eran desde un principio. La Guayra ha sido surtidora de piedras para muchas ciudades y ¿por qué no utilizar unas de ellas para reparar sus muros, que eran de piedra y calicanto, ahora afeadas con el cemento y los tubos de metal?

¿Por qué no se aprovecha esta oportunidad y se adecenta y se mantienen la Casa de La Pólvora, El Vigía, el Castillo de San Carlos, para que podamos llevar orgullosos a nuestros hijos y nietos a conocerlos? ¿A quién correspondería por fin su cuido? ¿Será al ministro de la Defensa o al Poder Civil? Hemos visto que todo lo que está bajo el cuido de las Fuerzas Armadas aparece limpio, cuidados sus jardines, bien vigilados. ¿Y no es eso acaso lo que necesitamos? ¿Qué misterio pasa con estas joyas coloniales de La Guayra? ¿Qué razones han tenido nuestros diferentes gobiernos, tan ricos, para abandonarlas en esta forma?

La calle Bolívar, detrás de la Aduana Vieja, Casa Guipuzcoana, ha sido y es un asco de suciedad y malos olores. La Casa de La Guayra, la escuela Ambrosio Plaza y la biblioteca José María España, restauradas por el esfuerzo de muchos, pierden su valor. Las invasiones de los terrenos adyacentes a estas bellas casas y que son de propiedad privada, desmeritan el lugar. ¿Cómo podemos aspirar a un centro cívico dentro de ese marco deprimente?

El túnel peatonal que atraviesa la autopista desde el río Osorio, hasta la parada de autobuses para Caracas, hiere la sensibilidad de los que a través de los años hemos venido usándolo. ¿No podría dedicarse algo del dinero otorgado al Litoral, para contratar los servicios de una compañía que en realidad lo lave, quitando el mugre y la inmundicia de sus paredes y de los escalones y pisos pero con carácter de continuidad y que tenga vigilancia por las noches, para que no sirva de dormitorio a los indeseables que lo ensucian y deterioran? La Guayra no puede, como está, ser turística. Sus calles sucias, su río inmundo, no son precisamente atracción para propios ni extraños. Muchos de los ciudadanos que en ella viven, parece que no la quieren, pues no reparan en ensuciarla y arruinarla cada vez más y los gobiernos solos, sin la ayuda de sus habitantes, pueden hacer bien poco.

Hombres de negocios de La Guayra, como los Boulton, Blohm, Stanzione, Salvatierra, las casas navieras, bancos, compañías de electricidad, petroleras y las firmas seculares que trabajan en ese puerto, deberían unir sus esfuerzos en una fundación, que también ayudara a dejar obras buenas a ese puerto, que ha dado tanto, a través de los tiempos. Un buen teatro, la reconstrucción de la casa de Boggio, la de la antigua sanidad, un stadium, un museo, algo, que además de ser otra bienhechuría, sería propaganda efectiva para sus establecimientos y a lo mejor rebajaría sus impuestos. La Guayra necesita obras sencillas, sin lujos, porque ella siempre ha sido una ciudad de una belleza humilde, aunque llena de orgullo por su historia; y por eso, manteniendo lo que tiene de colonia, sus calles, su río, sus castillos, la corporación del puerto, sus iglesias, sus plazoletas de la Caja de Agua, del Carmen y El Guamacho; sus ventanas y balcones, junto con un aseo permanente, transformarían a nuestro primer puerto en un lugar verdaderamente turístico.

Hoy, al fin, tenemos una biblioteca bautizada con el nombre de José María España, Precursor de nuestra Independencia, ignominiosamente martirizado por sus ideales y a quien nunca le hemos hecho los honores que se merece como guayreño ilustre que fue y sigue siendo en el corazón de nuestro pueblo agradecido y que al lado del doctor Vargas, Gual y Soublette, conforman el núcleo de hombres prominentes de nuestro terruño y de la patria. Tenemos que reconocer hoy, también, a la gente que está trabajando siempre por La Guayra; los que escriben sobre su historia y sus problemas, los que llevan al lienzo sus bellas callecitas, los que están haciendo arte, los que forman conjuntos y bailan para sus barrios, la gente que año tras año trabaja para que La Guayra siempre esté latente en la mente de todos los venezolanos. En este nuevo cumpleaños, sigamos luchando por el bienestar y adelanto de tan noble pueblo.

Caracas, junio de 1989.

FIESTAS DE LA GUAYRA I

Durante nuestra infancia y juventud se celebraban varias fiestas en La Guayra, unas a lo divino y otras a lo pagano y populares.

Entre las fiestas de la iglesia, se celebraban con verdadera devoción, la del Santo Cristo de la Salud. Ese día, el 17 de marzo, desde todos los puntos del país, venían los guayreños a encontrarse con su Cristo y los hombres todos procuraban cargar el sepulcro. Los que no podían, por ser de baja estatura, alargaban su brazo para tocarlo. Una banda musical acompañaba la procesión, que era por las noches, tocando marchas fúnebres y nuestro bello Popule Meus; las luces de las briseras encendidas encima del sepulcro, le daban un aspecto impresionante. Recordamos a nuestro querido amigo el doctor Rosendo Gómez Peraza, quien por promesa de su padre, cargó el sepulcro hasta que falleció. Ya no se toca el Popule Meus, ya no hay banda de música y la procesión es de día. En esta fiesta no se tiraban cohetes, era una fiesta hermosa y solemne.

Otra fiesta muy linda era la de la Coronación de la Virgen el día 31 de mayo. Muchas niñas se vestían de ángel, desfilaban por la iglesia cantando a la Virgen y luego la coronaban.

Las misas de aguinaldo eran esplendorosas. Bandas de música amenizaban por las calles y en el atrio de la iglesia, antes de empezar y al terminar las misas; y los fuegos artificiales, cohetes y triquitraquis alegraban la fiesta y asustaban también a los que íbamos a misa. Jóvenes y muchachas tocaban violines, cuatros, panderetas, furrucos, acompañados por el magnífico órgano de agujas de la iglesia de San Juan de Dios, cantaban en el coro, los bellos aguinaldos tradicionales.

Luego, al salir de misa, acompañados siempre de personas mayores, íbamos al mercado a comer arepitas de la señora Encarnación y al paseo 24 de Julio a patinar o a dar vueltas con los amigos y las amigas. Un baño de mar después de este paseo, era algo que nos encantaba y solíamos tomarlo en el pozo del Guiriguire, frente al cementerio de los ingleses, acompañadas de una persona mayor y sólo mujeres. Las misas eran patrocinadas todos los días por una entidad distinta: la aduana, el resguardo, la prefectura, el comercio, etc.

La fiesta de La Cruz de Mayo se celebraba el 3 de mayo en la Cruz Verde. Por la tarde se hacían piñatas, palo encebado y carreras de saco y por las noches una orquesta amenizaba el acto tocando bellos valses, pasodobles, trozos de zarzuelas. Desde el campanario de la ermita del Carmen fuegos artificiales y bellos globos encendidos volaban adornando el cielo de La Guayra. Todos gozábamos sanamente de esta fiesta. Creo que ya no la celebran.

Después de Carnaval, el Miércoles de Ceniza, se celebra el Entierro de la Sardina. En una urnita de vidrio, con muchas velas prendidas protegidas por briseras de papel para que no se le apagaran, acostaban una sardina y la llevaban por las calles de La Guayra, a vuelta de ocho de la noche, cantando: "La sardina se murió o... o, y la fueron a enterrar ar. . , ar". Iban muchos muchachos que se sumaban al entierro. Nosotros veíamos el entierrito, después que pasaba, por los postigos entreabiertos de las ventanas, pues si asomábamos la cara nos tiraban granos de maíz de los cuales llevaban los bolsillos llenos. Un señor por apodo llamado

"Brinquito", era el eterno director de esta fiesta. Después de pasear bastante el entierro, le hacían una ceremonia y la enterraban en el mar.

Caracas, 20 de marzo de 1989.

FIESTAS DE LA GUAYRA II

El Carnaval era muy celebrado en el Litoral. Jóvenes de La Guayra, Maiquetía y Macuto se disfrazaban y hacían el recorrido de Maiquetía a Macuto, pasando por La Guayra en carrozas. Damas antiguas, pierrots, payasos, colombinas, gitanas, marineras, españolas, caperucitas, llaneras y negritas martiniqueñas, eran los disfraces más corrientes. Desde sus carrozas o autos con capotas bajas, tiraban caramelos, juguetes, papelillos y serpentinas a los niños que desde las aceras al paso de la carrera, les gritaban sin cesar: "Aquí es, aquí es".

En la plaza del Libertador de La Guayra, frente al mercado, se hacía la fiesta principal. Un templete en el centro para la orquesta. Asistía el jefe civil con su familia y otras autoridades quienes ocupaban un sitio especial de la plaza y después de su llegada empezaba el baile, que era en la tarde, para niños. Todas las familias guayreñas iban o mandaban a sus hijos, siempre con personas mayores y todos gozaban sanamente de la fiesta. En la noche el baile era para adultos y asistían disfrazados y con careta y dicen que sucedían cosas muy cómicas. Había baile en el club Vargas y en algunos sitios privados, más populares. En algunas casas de familia se bailaba, y en otras hacían fiestas de contribución que llamaban de "scot".

En el Carnaval de La Guayra siempre se ponía de moda una pieza musical. Pinocho, Colombina, Besos y Cerezas, La Pelota de Carey, Carioca, El Pastorcito, cada una en años diferentes fueron el hit de la temporada.

Familias muy conocidas y entusiastas de la región salían en comparsas disfrazadas de mamarrachos a visitar a sus amigos, donde solamente se daba a conocer una persona para que las dejaran entrar, y luego ponían la fiesta. Una vez se disfrazaban simulando un matrimonio: los novios, el cura, los padrinos, los invitados y luego el bebe en un cochecito y la cargadora. Los hombres siempre llevaban una vera, por si acaso alguien se atrevía a faltarles el respeto.

En la iglesia de San Juan de Dios, hoy de San Pedro Apóstol, se hacía durante todos los días de Carnaval, una hora de adoración a las tres de la tarde, para pedir perdón por los pecados que se cometerían durante esas fiestas paganas y el Miércoles de Ceniza debíamos ir a misa para que el sacerdote nos impusiera en la frente la cruz que nos recordaría que somos polvo y en él nos convertiremos. Y así terminaba nuestro Carnaval. Santamente.

Caracas, 26 de marzo de 1989.

FIESTAS DE LA GUAYRA III

En 1903 se instaló la primera junta "Glorias a Vargas" en la casa del señor Pedro José Bosque, reuniéndose varios guayreños, entre ellos: el señor Armando Egui, Ricardo Muskus, Alberto Wallis, Pedro José Bosque, Jesús Martínez Coll y otros, con el fin de rendir homenaje al doctor José María Vargas. Desde entonces, todos los años el 10 de marzo, prominentes guayreños e invitados especiales se reúnen en la plaza Vargas para recordar todos lo que el doctor Vargas fue, hizo y sigue haciendo por Venezuela, dándose todavía el ejemplo de su sabiduría, bondad y rectitud.

En 1936 fue la primera celebración después de la muerte del dictador. En la mañana de ese día, la gente emocionada, oyó la palabra de Jóvito Villalba, Raúl Leoni, Elías Pérez Sosa, Francisco Alejandro Vargas, Adela de Alvarado, Jesús Corao (prefecto), etc., quienes fueron aplaudidos por sus discursos llenos de patriotismo y en la cual, después de tantos años sin libertad de expresión, las ideas salieron libres a los cuatro vientos. En la noche la retreta colmó la plaza, y desde los balcones vecinos, en especial el de la señora Julia Johnson, varias muchachas de la época pudimos gozar de todos los pormenores de la fiesta.

Año tras año, por la constancia y tesón de varias personas y de entidades del comercio de La Guayra para que no decaiga, sigue celebrándose esta fiesta en la plaza Vargas con el mismo fin: recordar y honrar la memoria del doctor José María Vargas y a La Guayra, su tierra. Ésta es y será una conmemoración sagrada para los guayreños.

Caracas, 28 de marzo de 1989.

La plaza Vargas fue llamada primero plaza de la Fuente, por una pileta para coger agua que en ella había, luego de la Alameda y plaza de Las Matas, por los frondosos árboles que en ella existían. Desde el 10 de marzo de 1886 empezó a llamarse plaza Vargas, por haberse celebrado en ella por primera vez la fecha del natalicio del doctor Vargas, aunque su estatua no fue inaugurada sino en 1890.

Desde que conocimos esta plaza, ha sido transformada dos veces, cada vez al gusto del arquitecto encargado de la obra, sin pensar nunca en dejarle su forma tradicional, la que todos conocíamos y sentíamos. Ha sido deformada por completo. La estatua del doctor Vargas fue quitada del centro, lugar por excelencia para él, desde donde veía siempre al Norte, hacia el mar. Para nosotros, ésta no es nuestra placita Vargas, la de nuestra tradición. Es otra, aunque con el mismo nombre.

Esta plaza era paso obligado para los que íbamos a Macuto o Maiquetía y siempre fue sitio de reunión y de reposo para los hombres que trabajaban en el puerto, en el comercio. Tenía jardines con árboles muy hermosos que daban buena sombra a los que en sus bancos se sentaban para descansar y refrescarse un poco al amparo del frondoso follaje.

Ahora, frente a ella, donde estaba situado el café de la estación, del señor Augusto Gásperi, que era la fuente de soda chic de La Guayra, donde las familias podían ir a tomar helados y a comer el magnífico quesillo de procedencia casera, antes de abordar el tranvía para ir a Maiquetía o a Macuto, han colocado un adefesio de cemento, que le quita por completo la vista, la ofende.

Sin embargo, y a pesar de todo, los guayreños siguen reuniéndose en ella, año tras año, para conmemorar el natalicio de nuestro querido doctor Vargas, sirviendo para el reencuentro todos los 10 de marzo y así poder honrar la memoria del hombre bueno y justo y también a La Guayra.

Caracas, 2 de abril de 1989.

Hacia el Cuatricentenario
PLAZAS DE LA GUAYRA II

Una de las plazas que más recordamos con cariño los guayreños que vivimos en el puerto antes del año 1952, es la placita de Los Cañones. Estaba situada entre la calle del Comercio y la avenida de la Alameda. Por el Norte el castillo del Faro y el mar Caribe; por el Sur, la calle del Mamón. Tenía en el centro una plataforma circular de cemento, sobre la cual descansaban cinco cañones y sus respectivas balas, muy grandes, que eran la admiración de los niños que iban a jugar en ella y recordaban la época colonial a los mayores.

Sus jardineros con palmeras que daban racimos de coquitos amarillos, uveros y almendrones, hacían el lugar fresco y acogedor. Sus lirios perfumaban el ambiente. Esta placita era una de las dos escogidas por las madres de La Guayra, para enviar a sus hijos con sus respectivas ayas, a tomar el fresco de la tarde. Jugaban algunos a la guerra, saboreando al mismo tiempo la sabrosa uva de playa, que guardaban en cucuruchos hechos con la hoja del mismo árbol.

Al lado de la plaza estaba la cárcel vieja, donde estuvieron presos el Generalísimo Miranda y otros patriotas y al otro lado, la fotografía del señor Aristiguieta y el hotel La Mejor, de la señora Cecilia Escalante.

Muchas veces el jefe del castillo para los años 30, el coronel Angulo y su familia invitaban a amiguitos de la cuadra, para pasar junto a sus hijos ratos de esparcimiento y de alegría en la plaza, por las noches, siempre en los días más calidos.

Pues bien, nuestra placita de Los Cañones desapareció con la construcción de la avenida Soublette y los guayreños, tristes por su suerte, todavía la añoramos.

Caracas, 5 de abril de 1989.

PLAZAS DE LA GUAYRA III

La plaza Bolívar en La Guayra estaba situada frente a la Aduana Vieja o Casa Guipuzcoana, a su lado derecho, hacia Maiquetía estaba la estación del ferrocarril y a su lado izquierdo, el bar Las Gradillas del señor Vicente Rodríguez y otros kioscos, donde vendían cesticas con caracoles que parecían mariposas rosadas, jugos, agua de coco, deliciosos huevos de pájara a los cuales echaban sal y pimienta negra. Un poco más allá, la barbería del señor Luis Mora, tío del doctor Reynaldo Leandro Mora. Un gran laurel le daba sombra al kiosco, que quedaba cerca de las puertas del Tajamar.

Las barandas de esta plaza eran de hierro con bonitos arabescos. Un día vimos parte de ella en la casa de un anticuario en Caracas, que la exhibía como una joya. La estatua de nuestro Libertador en el centro le daba su nombre; y muchos árboles en sus jardines sombreaban el lugar, entre ellos un guanábano cimarrón muy hermoso. En los tiempos de epidemia de parótidas las madres guayreñas iban en romería o mandaban a buscar sus hojas, que usadas con aceite de coco y sujetas al cuello del enfermo, con un pañuelo, servían para desinflamar las glándulas enfermas, según la creencia popular y dicen que la voz del pueblo, es voz de Dios.

También en esa plaza, en el Carnaval, mucha gente se reunía para ver pasar las carrozas que se desplazaban desde Maiquetía hasta Macuto y era, además, paso obligado para ir a la estación del ferrocarril. Esta linda plaza también fue sacrificada para dar paso a la avenida Soublette. Otro dolor para La Guayra y su gente.

Caracas, 8 de abril de 1989.

Hacia el Cuatricentenario
EL PASEO "24 DE JULIO"

En la avenida de la Alameda, frente al mercado, donde hoy se encuentra el Seguro Social, se hallaba la plaza del Libertador o del Mercado, seguida de la Logia, Sociedad Mutuo Auxilio, un salón para fiestas y un botiquín. Al lado de este último, empezaba nuestro amado paseo "24 de Julio", a orillas del mar, lugar por excelencia para solaz y recreación de los guayreños, que íbamos con nuestros mayores a pasear, alternar con nuestras amistades y a tomar el aire fresco que nos venía del Norte, de nuestro mar Caribe. La pared del botiquín antes nombrado, era usada como pantalla para pasar películas de Chaplin, Buster Keaton, Dolores del Río, José Mojica, Nelson Eddie, etc., que se veían desde sillas colocadas a tal efecto.

El paseo se extendía hasta enfrente del Teatro Lamas y ahí estaba el kiosco de los deliciosos helados de Lugo, famosos en el Litoral y que tomábamos después de salir del teatro o de haber paseado un rato. En el paseo había dos hileras de bancos, colocados a ambos lados de éste, para dejar espacio suficiente en el centro para pasear y un murito a la orilla del mar, que servía también para descansar. Una hilera de clemones y pinos del mar, adornaban el ambiente a orillas de la calle. Al lado del paseo, dentro del mar, una fuente de soda, de nombre "La Glaciere", servía dulces, refrescos y sandwiches.

Nos encantaba ir al paseo por las tardes, a contemplar los alcatraces volando en formación, formando figuras que parecían letras y luego lanzarse en picada, para pescar la sardinita que desde arriba veían.

¡Qué bello y agradable era nuestro paseo! ¿Podrá nuestro nuevo gobernador doctor Ávila Vivas, mandar a terminar lo que empezó el doctor Diego Arria y que no hicieron los dos gobiernos anteriores? Ya está lo más difícil, ¿para qué esperar más? El pueblo lo necesita con urgencia. Eso sería un escape a su rutina, una diversión para su espíritu.

Caracas, 10 de abril de 1989.

Hacia el Cuatricentenario
LA GUAYRA CUMPLEAÑERA

La Guayra cumplirá 400 años en el mes de junio y todavía espera ser tomada en cuenta para esa fecha, pues es triste decirlo, nada se ha hecho en ella hace bastante tiempo.

Sus calles y aceras están rotas, las ventanas reconstruidas en el gobierno del doctor Leoni, continúan destrozadas; la ermita del Carmen, que ha sido reparada cuatro veces, se le está cayendo el techo y ya no dicen ni misa, ni se pudo celebrar por supuesto la Semana Santa tradicional; La Pólvora y el fortín San Carlos que reconstruyó el general Ramón Florencio Gómez, el primero, y luego el segundo, reconstruido en el gobierno del presidente Pérez, han sido abandonados a su suerte; y ¡qué decir de nuestro viejo centinela, nuestro querido Vigía, atalaya de La Guayra, Caracas y de los pueblos vecinos, ignominiosamente ignorado y despreciado por todos!

Sin embargo, ahora tenemos una esperanza. Los miembros de la Comisión de Historia y Cultura de La Guayra pedimos una audiencia al señor ministro de la Defensa y nos fue concedida. En ella se nos explicó que están tratando con personas entendidas en restauración de fortalezas, para restaurar cuatro de ellas y que entre esas está incluido El Vigía. Ojalá y pueda realizarse lo que angustiosamente esperamos con respecto al cuido de La Pólvora y el fortín San Carlos; y después del arreglo de El Vigía, la junta Administradora del Municipio Vargas estudiará con detenimiento la forma de encargarse del futuro mantenimiento de las tres fortalezas, de manera de obtener los buenos resultados que han tenido en la isla de Margarita con el bello castillo de Santa Rosa, con el castillo de San Carlos Borromeo y con el fortín de la Galera, en que hasta los niños guías, constituyen un atractivo turístico. Esperamos con fe en que todo esto se cumpla para bien de La Guayra.

Caracas, 11 de abril de 1989.

Hacia el Cuatricentenario
EL ALMIRANTE BRIÓN

El almirante Brión desde su pedestal en la placita de su nombre, frente al terminal de pasajeros en el puerto, debe sentirse triste y sorprendido por lo que está pasando desde hace bastante tiempo en Maiquetía. Si dirige sus ojos hacia el Oeste, por encima de los techos, ve como el Cristo de la tradición, el de siempre, no está en su gruta, ni ésta existe; sólo abandono y soledad en su Jerusalén deshecho. Si contempla el lugar donde él mismo se encuentra, se sentirá minimizado, al ver destrozada la base de su pedestal, la grama y las flores de los capachos que adornaban el ambiente de la entrada al país, con su verdor y su bello colorido; y contemplará estupefacto, como la placita de El Cónsul también está siendo mutilada; y se extrañará, viendo más allá, camino a La Guayra, como a las zonas verdes de la cima del cerro de Los Cachos, en el Cantón, a la orilla de la autopista, también están quitándole su grama, su verdor; y pensará angustiado, si se les ocurriera también talar los árboles, todo en aras del cemento, de su dureza y aridez, que sólo proporciona soledad y más calor al transeúnte y al que por allí trabaja, sin solucionar el tránsito, que se embotellará más adelante; y el almirante Brión se preguntará, reflexionando: ¿por qué tanto desbaratar y mutilar, para volver a hacer y rehacer, en vez de haber construido de una vez por todas el boulevard o paseo "24 de Julio", a la orilla del mar, frente al Cardonal, en donde siempre estuvo, que ya está tan adelantado y que es el lugar por excelencia para pasar y gozar de la brisa fresca del Norte, sin muros que la atajen? ¿Una utopia? ¡No, una verdad hacedera y verdadera!

Caracas, 15 de abril de 1989.

LA FIESTA DEL ÁRBOL EN LA GUAYRA DE AYER

La fiesta del árbol en La Guayra de nuestra infancia, era celebrada con desfiles de las diferentes escuelas del lugar, el día 31 de mayo.

La reunión de todos los escolares se efectuaba en la placita del Libertador, frente al mercado.

Ahí se sembraban los arbolitos que llevaban los niños y que habían sembrado en sus casas, por consejo de sus maestras. Semillas de fácil germinación, de mango, guama, guayaba, mamón eran sembradas con antelación, para llevarlas, ya crecíditas, a la siembra. También llevaban pequeñas plantas de jardín, como novios, corazón, violetas, margaritas, etc.

Durante la ceremonia, después de terminada la siembra, los niños recitaban poesías alusivas al árbol. Algunos alumnos, entre los más grandes, pronunciaban pequeños discursos, enalteciendo el día y a los árboles.

¡Qué interesante y cuántas enseñanzas nos dejaba esta fiesta todos los años!

Se cerraba la celebración cantando todos a una voz, el bello himno del árbol.

> ¡Al árbol debemos
> solícito amor,
> jamás olvidemos
> que es obra de Dios!

Toda la vida he creído que el Ministerio de Educación ha debido hacer obligatorio el canto del himno al árbol, en todas las escuelas del país, diariamente. Primero nuestro himno nacional y luego, nuestro himno al árbol, para así inculcar en nuestros niños, una y otra vez el amor por la naturaleza, que bien lo necesita el país, ya que ellos, muchas veces inocentemente, causan su destrucción.

Amemos y cuidemos nuestros árboles, ya que ellos nos dan oxígeno, sombra, alimento, y nos alegran con el colorido de sus flores.

Caracas, mayo de 1989.

En la Plaza Bolívar.

Puente "Dulce Sueño".

Placita de los Cañones.

Callejón de San Antonio.

Calle de la Caridad.

Altozano en la Ermita del Carmen.

El Cristo de la Salud de La Guayra.

El Paseo "24 de Julio" en La Guayra.

DON JOSÉ MARÍA ESPAÑA

En la calle de San Francisco en La Guayra, en la casa marcada con el N° 9, nació José María España, el día 28 de febrero de 1761. Mientras iba creciendo, ideas de libertad venían a su mente y luego leyendo los libros que hablaban de la Revolución Francesa y de la Revolución Norteamericana, terminaron de guiarlo hacia las ideas revolucionarias que podrían libertarnos del yugo español. El leía mucho, dicen que tenía una biblioteca muy buena y libros escritos por él a manuscrito.

Su amistad con el militar retirado Manuel Gual, lo llevó a querer hacer una gran conspiración contra el gobierno español. Muchas personas influyentes de La Guayra lo acompañaron en esta causa, que llegó a extenderse a Caracas y a otros lugares del país. Después, fue ayudado por Picornel, Sebastián Andrés, Manuel Cortés Campomanes y José Lax, españoles que habían sido enviados a Venezuela, confinados a la cárcel de La Guayra, por haberles develado una conspiración que debía estallar en San Blas, España, para cambiar la monarquía por una República.

José María España, justicia mayor de Macuto, era un hombre muy simpático, instruido, amigo de las personas de color y de todos. Con su impulsividad logró reunir muchos adeptos. Se reunía con los comprometidos en su casa de Macuto, en La Guayra, río arriba, en el Pozo de Quita Calzón y entre todos, redactaron una Constitución donde proclamaban la igualdad de todos, con los mismos derechos.

José María España era el alma de la revolución, el que electrizaba a la gente, el que levantaba los ánimos cuando parecían perder la fuerza para la lucha. Se dispuso que los españoles presos en la cárcel de La Guayra, ayudados por el sargento Rusinol, un catalán comprometido que después fue fusilado, se fugarán del presidio para poder ayudar más a los revolucionarios. Esta fuga pone en aviso al gobernador Pedro Carbonel, quien da órdenes para ver lo que estaba pasando. Descubren el complot el 12 de junio de 1797 y mandan a apresar a España, quien huye desde su casa, en Macuto y junto con Gual se va para Curazao. El complot fue descubierto por una denuncia del capitán Domingo Antonio Lander y el sacerdote Juan Vicente Echeverría, llevada al capitán general, al arzobispo y a la real audiencia.

De Curazao, José María España y Gual se fueron a Trinidad, donde continuaron luchando por sus ideas; pero deseosos de ver a su esposa y a su familia, España decide irse a La Guayra, donde entra de incógnito.

Se aloja en la casa de una antigua esclava de su familia, cerca de la Guipuzcoana y después pasó a El Cardonal, a la casa de otro esclavo, quien también lo escondió. Dicen que de noche, disfrazado de carbonero iba a ver a su esposa, en la calle de San Francisco. Habiendo salido ésta en estado, empezó a despertar sospechas en los vecinos. Denunciado por su esclavo Rafael España, fue hecho prisionero, cuando bajando a su casa vecina por una chimenea, tratando de huir, la señora María Josefa Herrera, lo entregó a la comisión de soldados que lo buscaban.

José María España fue trasladado a Caracas y dictada la sentencia, fue ejecutada el día 8 de mayo de 1799, en que "arrastrado a la cola de un caballo, fue llevado a la horca, luego decapitado, frita su cabeza en aceite, que puesta en una jaula, fue colocada en la Puerta de Caracas, en La Guayra; descuartizados sus miembros, fueron colocados en vigas, a la entrada de Macuto, en Quita Calzón, en Chacón, en La Cumbre, lugares donde él se reunía con los conspiradores. Esto fue hecho con el fin de "escarmentar a la población". Antes de morir dijo estas palabras: "No tardará el día en que mis cenizas sean honradas".

La historia y la vida honrarán sus cenizas, pues la independencia y las leyes que proclamaban el mismo derecho para todos, en igualdad de condiciones para negros, blancos, indios, mulatos y zambos, se cumplieron. Pero tristemente, los guayreños, por algo inconcebible, no hemos honrado su memoria como tan grande hombre se merece. Fue el precursor de la Independencia de Venezuela y Sur América; murió como un mártir por nuestra redención, tratando, sin pensarlo siquiera, de imitar a Jesús, el Cristo. A algunos les parecerá blasfemia, a mí no, y por eso tengo que decir lo que mi conciencia me dicta, con franqueza y sin ánimo de ofender a nadie. Si, a mí me gustaría que se le hiciera una plaza al Generalísimo Francisco de Miranda, que también se la merece; pero nunca antes que a José María España y a Gual, naturales y vecinos del puerto de La Guayra y a quienes tanto debemos los venezolanos y los guayreños. Ya es tiempo de que se les dignifique y que su plaza sea hecha en un lugar de primera, no en un rincón de segunda.

Caracas, 20 de abril de 1989.

Hacia el Cuatricentenario
EL CEMENTERIO DE LOS EXTRANJEROS DE LA GUAYRA

En el año 1852 un grupo de extranjeros de La Guayra, entre los que se encontraban M. Wolf, Otto Winckelmann, C.D. Strohm, C.C. Nolting y Roosen Runge, fundaron una sociedad que llamaron del Cementerio de los Extranjeros y le compraron al señor Robert Syers, parte de su hacienda Guanapa, al Oeste de Punta de Mulatos, entre el río Guanapa y Punta Mulatos, e hicieron el cementerio.

Luego, en 1891, para extender este camposanto compraron, siendo el señor Johannes Paterson director de la sociedad del Cementerio de los Extranjeros, al señor Jacinto León, un lote de terreno adyacente a ese camposanto, por la suma de 6.800 bolívares, cuyos linderos eran: por el Norte, el camino que va a Macuto; por el Sur, con la primera hilera de cocos; por el Naciente, con la primera hilera de cocos de esa dirección y por el Poniente, con las paredes del cementerio, agregando en el documento, que en la ventana no estaban incluidas las matas de coco.

Este camposanto, todavía en uso para los familiares de los que ahí tienen bóvedas, llenando por supuesto, todos los requisitos que exige la ley para la inhumación, consta de muy buenos monumentos y de tumbas cuyo estilo marcan épocas, en donde están sepultadas muchas personas importantes, de todas las nacionalidades, incluyendo la venezolana, que contribuyeron con su empuje y su trabajo, al engrandecimiento y prosperidad del puerto de La Guayra y su gente.

Según el libro donde están asentados todos los nombres de los que ahí reposan, la primera persona enterrada en el Cementerio de los Extranjeros fue el señor Towes, nacido en Seiberk, de 23 años, muerto de calentura amarilla (fiebre amarilla) y fue atendido por el doctor Wolf Kiurke. Este enfermo murió el 14 de diciembre de 1852 y fue enterrado el 15 de diciembre a las 6 de la tarde y trabajaba como oficinista en el negocio de un señor llamado Vicente. La cédula del cementerio la firmó el señor C.D. Strohm.

Ahora, los miembros de la sociedad del Cementerio de los Extranjeros, quienes guardan todos los documentos originales, tanto del cementerio como del terreno adyacente, con copia certificada de fecha reciente, han nombrado nueva junta directiva, habiendo elegido como presidente al señor Oscar Domínguez Bolívar; secretario, al señor Edgard Grillo; tesorero, al señor René Blanco Domínguez y vocales, María Teresa D. de Moreau, Nieves Elena B. de Rivero, señora Josefa Marcou, señora Estela P. de Degout y Luisa Amelia Palacios, quienes tratarán de llegar a acuerdos, en pro de lo que se debe hacer, para que sea declarado monumento histórico.

Caracas, 23 de abril de 1989.

LAS PLAZOLETAS DE LA GUAYRA I

En La Guayra, antes de la destrucción que ha venido paulatinamente terminando con sus cosas tradicionales, había plazas y plazoletas. De las primeras ya he escrito en artículos pasados; pero hoy les voy a escribir sobre dos de las últimas.

Plazoleta es el diminutivo de plaza. Es una placita, para los que no están acostumbrados al término, pero que los guayreños llamábamos con ese nombre, muy español, por cierto.

La plazoleta del Guamacho, en la parte alta de la ciudad, más arriba de la ermita del Carmen, tenía árboles muy frondosos a ambos lados de la calzada y era formada por la misma calle, que lucía ancha y empedrada en ese tiempo. Durante la época en que fue prefecto el señor Francisco De Giulio Sánchez, la fuente de la plazoleta de San Juan de Dios, por no sabemos qué capricho, fue quitada del lugar que había ocupado siempre y colocada en El Guamacho. En ese lugar los niños jugaban con libertad, mientras muchas personas asistían a la sociedad Vínculo de Caridad, a sus reuniones altruistas, donde muchas recibían clases y funcionaba un dispensario gratuito que fue fundado en 1857. De la plazoleta de El Guamacho a La Caridad estuvo durante muchos años el hospital de La Caridad, que era para mujeres. En la plazoleta de El Guamacho hay una casa que luce descuidada y que tiene en su frente una placa que dice: "Sociedad Vínculo de Caridad".

Vecinos de ese lugar fueron, entre otros, la familia Moreau Abatti, Ernesto Casares, Paco Rodríguez, la familia Purroy, la familia de Agustín Hernández y otras que no vienen a mi memoria.

La plazoleta de San Juan de Dios en la parte baja, frente a la iglesia del mismo nombre, lugar que hoy sirve de estacionamiento, tenía una fuente muy bonita. Unos delfines la adornaban, sosteniendo los platos en donde caían los chorritos de agua cristalina. Niños, varones por lo regular, jugaban en este lugar que embellecía ese rincón guayreño. Esa fuente fue llevada a la plazoleta de El Guamacho y su lugar ha sido utilizado para dar alojo a los automóviles del seudo progreso. Luego les hablaré de las otras dos plazoletas.

Caracas, 1 de mayo de 1989.

Después de haber subido los escalones de piedra de Punto Fijo a Palma Sola, llegábamos sudorosas, por lo empinado del camino, a la plazoleta del Carmen.

La parte posterior de la ermita del Carmen, cae sobre la plazoleta de su nombre. De esta salen varios callejones, entre los cuales, el bello callejón de San Antonio, donde el balcón de la casa de los abuelos de Jesús Guillermo y Federico Gómez, ha inspirado a tantos pintores.

Había frente a la entrada de este callejón, en la plazoleta, un hermoso clemón que lo adornaba y refrescaba a la vez, con su sombra, en las horas más cálidas del día. Al final de la bella callecita, una pequeña capilla con una imagen de San Antonio daba el nombre al lugar y era la devoción de los vecinos, que iban a llevarle las flores de madreselva, jazmines y novios, que crecían en los patios interiores de sus casas, y a prenderle la velita, en rogativa por alguna necesidad. ¡Benditos los que han tenido y tienen fe, porque tienen más de la mitad de la pelea ganada en la vida!

Entre el callejón de San Antonio y el de la Alegría, una humilde fuente servía para abastecer de agua a los vecinos. Desde el otro lado, el callejón del Infiernito nos llevaba a la ruina de unos castillos, que seguramente destruyó el tiempo y la inconsciencia. Hacia la parte norte de la plazoleta había un boquete, en forma de arco o semicírculo, que decían pertenecía a un antiguo fortín de la época de la colonia.

El señor Ventura Gómez nos contó, en un foro costumbrista de La Guayra, que por ese boquete, al volver de una fiesta a vuelta de madrugada, desapareció una hermosa mujer que le invitaba a seguirle y él, después de caminar tras ella, paso a paso, desde La Sociedad de Mutuo Auxilio, frente al mercado, la vio entrar por debajo del arco, en donde se le esfumó. Alucinaciones del joven Ventura de aquellos tiempos, que lo dejaron de una sola pieza y sin ánimos de volver a soñar despierto.

Caracas, 3 de mayo de 1989.

La plazoleta de la Caja de Agua, le da el nombre a esa esquina de la calle del León y estaba situada entre ésta y el río Osorio. Hacia el sur, la pared de una casa colonial, con tejados de dos aguas, tenía un balconzote, una ventanita y una puerta de campo, para salir directo de la casa a la plazuela.

En el centro de la plazoleta, una bella fuente de mármol con dos platos de bronce labrado, recordaba los tiempos en que la gente se surtía de sus aguas frescas. Unos leones sostenían los platos.

Hacia su lado izquierdo, dentro de la plazuela, un gran almendrón brindaba su sombra y sus dulces frutos, a la chiquillería que por las tardes jugaba en ella.

Muchas veces un anciano venerable, amigo muy apreciado por nuestra familia y por nosotros, se sentaba a escribir y a sacar cuentas a la orilla de la fuente, durante horas enteras, sin descansar, calculando, con su cerebro debilitado por el sufrimiento, todo el dinero que tendría, de no haber perdido su negocio por una injusticia cometida con él, por un comerciante en quien creía. Ese señor, muy querido de los guayreños, era don Simeón Jiménez, canario, que había sido dueño de la bodega "El Cañón Rayado". Era esposo y padre de una digna y trabajadora familia guayreña.

En la Caja de Agua había dos bodegas: "Vuelvan Caras" y "El Cañón Rayado".

Vecinos del lugar eran: los Domínguez Rivodó, los Noda, los Guaita, los Carvallo, las Monzón, Pepe Soto, las Bello, los García García, etc.

En los brocales del puente que atravesaba el río Osorio, al lado de la plazoleta, se sentaban pavitos de esa época guayreña, entre otros, Pedrito Franklin, Luis Elster, Reynaldo Leandro, Gonzalo Machado, Nicolasito Alvarado, Carlos Luis y Guillermo García, Adolfo Bocanegra Solís, Gustavo Carvallo, César y Calixto Landaeta Delgado, todos, hoy, hombres de negocios y políticos destacados.

Pues bien, ni la fuente, ni el almendrón, ni la casa bonita con tejados de dos aguas, balconcete y puerta de campo, existen. Al brocal del río le quitaron sus asientos de piedras y ya nadie se puede sentar en él. Sólo ha quedado un terreno rodeado de alambre de alfajol para una cancha y una casa chata, sin ninguna gracia. Esa no es nuestra plazoleta, eso es una cosa muy distinta.

Caracas, 4 de mayo de 1989.

Hacia el Cuatricentenario
LA PLACITA DE MONAGAS

La placita Monagas fue inaugurada en El Cardonal el día 4 de mayo de 1895, cuando las autoridades guayreñas y del país celebraban el centenario del nacimiento del prócer José Gregorio Monagas, quien fue presidente de la República y dio la libertad a los esclavos.

La junta "Glorias a Monagas" erigió un monumento llamado "Columna de la Libertad" en ese lugar y asistieron: el presidente de la Junta Central "Glorias a Monagas", que estaba encargada de los actos para conmemorar esa fecha en todo el país, las autoridades civiles, los concejales, el pueblo y las instituciones benéficas, Mutuo Auxilio y Vínculo de Caridad.

Este monumento a la memoria de José Gregorio Monagas fue retirado de ese sitio, como tantas otras cosas apreciadas por los guayreños, en el año de 1954, para dar paso a la avenida Soublette, con la cual se irrespetó sin compasión nuestra tradición.

En el espacio que antes ocupaba la pequeña placita, si es que todavía las ambiciones no han terminado con él, podría ser colocado un busto de este ilustre venezolano, libertador de los esclavos de Venezuela, para recordar su humanitario gesto a favor de los hombres que todavía vivían en la más deplorable ignominia.

Los restos de este compatriota estuvieron enterrados en un templo de La Guayra hasta 1972, año en que fueron pasados al Panteón Nacional.

Caracas, 17 de mayo de 1989.

PÁRROCOS Y SACERDOTES DE LA GUAYRA DE LOS AÑOS 20 AL 40

Los reverendos padres Agustinos, Feliciano Alonso, José Gómez, Rogelio del Carmen, Benito Cañas, Sofronio Izu, Carlos Bretón, el padre Luis, Agustín Samanes y Domingo Plumillas, fueron turnándose en la iglesia parroquial de La Guayra.

Entre todos estos sacerdotes, quisimos mucho a dos de ellos, al padre Benito Cañas, bondadoso amigo de mis padres y nuestro, quien falleció en La Guayra recibiendo una demostración de gran consternación cuando las campanas repicaron a duelo, anunciando su muerte; y al padre Agustín Samanes, quien fue de los que más se distinguieron en La Guayra por su gran dinamismo, amor al trabajo y su calidad humana.

Antes de venir a La Guayra había pasado una temporada en Puerto Cabello. Al llegar a La Guayra como párroco, se dispuso a restaurar todos los altares de la iglesia de San Juan de Dios y la ermita del Carmen; y el mismo, con su escalera y su brocha, dejó todos los altares remozados en muy poco tiempo. Organizó las diferentes sociedades: la de las Hijas de María, la de Nuestra Señora del Carmen, la del Santísimo Sacramento y la del Cristo de la Salud y las revivió, dándoles el empuje que necesitaban.

Sentía placer en llevar amistad con sus feligreses. A nosotros nos visitaba siempre, pues le gustaba conversar con mi padre. Él era de Navarra y mi papá de Málaga y se entendían bien. Él le decía a mi padre: "Vicente, Nieves es tu malagueña, una malagueña guayreña". Nosotros lo respetábamos mucho y le pedíamos la bendición.

Todos los jueves nuestro padre Agustín iba al colegio San José de Tarbes a darnos clases de catecismo e historia sagrada. En su clase no nos fastidiábamos, lo mismo nos sucedía con el padre Benito Cañas, quien procuraba siempre hacernos amena la clase de religión.

El padre Agustín, inquieto y preocupado, sabiendo que entre los trabajadores del puerto había muchos que vivían en realidad como cualquier familia casada por muchos años y hasta con doce hijos, sin haber realizado el matrimonio civil, y mucho menos el eclesiástico, decidió por su cuenta y riesgo, ir a los muelles y conquistarlos para que formalizaran su unión. Se habló con nuestro padre para que hablando con el jefe civil, le consiguiera hacer el matrimonio sin costo alguno. Para casarse tenían que hacerle la partida de nacimiento a cada hijo y eso tenía un valor de diez bolívares. Para un obrero conseguir ese dinero en aquel tiempo era difícil y más, para tantos hijos. Habiéndose hecho todos los trámites sin costo alguno, se casaban civilmente y luego el padre Agustín en misa de seis de la mañana bendecía la unión de la pareja. Nuestro padre, mi hermana y yo, apadrinamos los nuevos matrimonios y muchos hogares quedaron agradecidos al reverendo padre Agustín por su buena acción.

Como el padre asistió en Puerto Cabello a la bendición del mar, también introdujo esa costumbre en La Guayra. El Domingo de Resurrección, el padre Agustín en procesión bajo palio, con el Santísimo, muy tempranito salía de la iglesia de San Juan de Dios y al pasar por el castillo del Faro, bendecía a los soldados que en formación la recibían; luego pasaba por el cuartel de policía y bendecía a estos y a los presos. Siempre la policía libertaba en ese instante al preso de mejor comportamiento.

Después de la procesión se dirigía al malecón en la Alameda en la desembocadura del río Osorio, al lado de la plaza Libertador y bendecía al mar y los marineros, que en muchos barquitos esperaban ese momento con devoción. La gente de Maiquetía, Macuto y de Caracas asistía con los guayreños a la bendición de su mar. Creo que esa bella costumbre, innovación del padre Agustín, la abandonaron.

Los guayreños agradecidos debemos elevar una oración a Dios por el descanso eterno del reverendo sacerdote que tanto bien hizo a nuestro pueblo, con tanto desinterés.

Muy enfermo, viviendo en Macuto nosotros lo visitábamos y lo acompañamos muy tristes el día de su entierro en Caracas. Gracias a nuestro querido sacerdote, en nombre de los guayreños.

Caracas, 5 de mayo de 1989.

Hacia el centenario de la congregación San José de Tarbes en Venezuela
COLEGIO SAN JOSÉ DE TARBES DE LA GUAYRA

El colegio San José de Tarbes de La Guayra fue fundado en el año 1927, con el beneplácito de todas las familias guayreñas. Era externado y semi-internado.

Nuestro colegio estuvo primeramente ubicado en una casa de dos plantas, con grandes ventanas de balaustres torneados y varios balcones, en la esquina de los Granados. De esa casa era propietaria la señora Albertina Henríquez de Pérez. Para esa época una linda romanilla separaba la puerta de la calle, del patio interior. Tenía pisos de mosaicos franceses y balcones interiores de madera, techos de una obra limpia muy fina y una escalera de caracol, que era el encanto de las niñas, para deslizarse por ella al menor descuido de las hermanas. En la cocina, un gran fogón de muchas hornillas, muy antiguo y una hermosa chimenea.

Pasado el tiempo, el colegio fue mudado a una casa mucho más grande, del León a Dos Puertas. Esta casa era de la familia Wallis. Sus pisos de mármol de Carrara en la parte baja, de madera en el piso superior. Un patio inmenso, maravilloso para nuestra gimnasia sueca de todos los miércoles por la mañana. Teníamos una capilla muy linda, donde rezábamos por las tardes el rosario y un salón de música amplio y bien organizado, que era el orgullo de la reverenda hermana Luisa Teresa. Esta casa tenía puerta de campo, como decíamos en esa época, para la calle de los Granados.

Cuatro hermanas de la congregación San José de Tarbes fueron las primeras maestras. En el colegio sólo se estudiaba hasta cuarto grado y se nos enseñaba el idioma francés, que aprendíamos a la par que el español. También nos daban clases de manualidades a todas las alumnas y daban aparte, clases de piano, teoría y solfeo, marimba, armonio, botellas, etc., a las niñas que deseaban aprender música.

La directora del colegio era la reverenda hermana Marie Alfred, de nacionalidad francesa. Las otras eran venezolanas: sor Jacinta, sor Luisa Teresa y sor Susana.

La hermana Jacinta se encargaba del adorno de la capilla. Era como la ecónoma del colegio, la que cuidaba del funcionamiento interno del externado, y era la profesora de bordados y nos daba estas clases todos los jueves y todos los sábados por la mañana, porque todavía no existía el Sábado Inglés. Mientras bordábamos, varias niñas nos turnábamos para leer novelitas rosa, cuentos y lecturas de santos. Entre los cuentos, el de Bertoldo, Bertoldino y Cascaseno fue uno de los que más nos hizo reír, sobre todo, recuerdo las carcajadas de la hermana Jacinta. Entre estas niñas lectoras, Lucia Brewer, Viquita Almaral, Blasina Mata y yo, distraíamos a las que trabajaban en sus bordados, y les hacíamos más corto el tiempo. Los jueves en la mañana un sacerdote venía a darnos historia sagrada y catecismo, por una hora.

Sor Marie Alfred nos daba clases en el tercer y cuarto grado. Ella parecía muy severa, pero era muy buena. Cuando le tocaba la guardia en el recreo, teníamos que hablar en francés y nos enseñaba juegos en ese idioma. Ella dirigía nuestra gimnasia y por su interés y bonhomía, de acuerdo con la madre Febronia, muchas niñas cuyos padres caían en mala situación, eran exonerados del pago de la pensión mensual. Gracias a la hermana Marie Alfred.

Sor Luisa Teresa era el alma del colegio. Hablaba un francés precioso. Ella daba clases en segundo grado, enseñaba música, dirigía el coro del colegio, que era de setenta voces. Solistas de nuestro coro eran Lucía Brewer, hoy sor María Elena, Luisa Amelia Palacios y como invitada, la señorita Carmen Marina Ortega, todas de muy bonita voz. La hermana Luisa Teresa amenizaba las tardes en nuestra capilla, para que nosotros cantáramos; hacía lo mismo en la misa de ocho, todos los domingos en la iglesia de San Juan de Dios y mucha gente de Macuto y Caracas iba a oír nuestro coro cantando. Sor Luisa Teresa era la que organizaba y dirigía las comedías que representábamos a fin de curso y en los cumpleaños de la madre Febronia, superiora de la congregación en esa época. En fin, que todo tenía que vibrar al lado de tan espiritual hermana. Su letra era preciosa y por eso, los títulos de nuestros cuadernos limpios y los diplomas, eran escritos por ella, en letra gótica y en bastardilla. La hermana Luisa Teresa era múltiple; la recordamos con orgullo.

La hermana Susana era la más joven del colegio y acababa de salir del noviciado, cuando la enviaron a trabajar en La Guayra. Daba clases en primer grado y nos enseñó a leer y a escribir en un libro muy grande, llamado el silabario catón. Desde el primer grado, se esmeró en que adquiriéramos buena letra y mejor ortografía.

Hasta muy anciana, en los últimos días de su vida, la visitamos en la villa Santa Ana, en los Dos Caminos. Nos queda la satisfacción de haber hecho un reencuentro con todas sus ex-alumnas de La Guayra, en el año 1973, en el colegio de El Paraíso y de haberle entregado una placa, en nombre de todas. ¡Ella nació para ser monja!

Las hermanas trataron de enseñarnos día tras día, el amor a Dios, al prójimo y a nosotros mismos; a la disciplina, al trabajo y al orden y se esmeraron en enseñarnos a economizar, cosa que aunque parezca materialista, es de suma importancia en la vida. Los lápices debíamos usarlos hasta su final, no podíamos desperdiciar ni un centímetro de nuestro cuaderno, que teníamos que llenar con letras o números y nos decían que la economía es la base de la riqueza y que el que todo lo gastaba, a pedir quedaba.

¡Cuánto agradecimiento debemos a nuestras queridas maestras! Desde el cielo, donde de seguro están, velarán por sus ex-alumnas de La Guayra.

Caracas, 6 de mayo de 1989.

OTROS COLEGIOS DE LA GUAYRA

Desde el año 1891 hasta los alrededores de 1920, existieron en La Guayra, según nos contaron nuestros padres, los siguientes colegios: el colegio de la señorita Elina Marins, el del profesor Manuel María Villalobos, el de la Señorita Carmelita Fernández, que era un colegio mixto, el colegio del señor Juan Aranaga y el de la señorita Machoro.

En estos colegios la enseñanza era muy buena, los alumnos salían muy aprovechados. Los maestros de esa época eran muy mal pagados; pero todos tenían mucha mística.

En esa época la disciplina era muy rígida y, a veces, en algunos colegios se extralimitaban los castigos. Existía la palmeta, las orejas de burro que colocaban en la cabeza del niño y luego lo asomaban a la ventana de la calle para que se burlaran de él; los dejaban castigados en la escuela hasta que saliera la luna; los encerraban en un cuarto oscuro, los arrodillaban sobre arena. Uno de los castigos era tocarle una campanilla cerca del oído, por un rato, a los niños que no se sabían las lecciones, que por lo general, había que aprenderse de memoria. Después el gobierno fue prohibiendo estas cosas inverosímiles y bárbaras, pero que sucedieron y son historia.

Desde los años veinte en adelante existían en La Guayra: la escuela federal Vargas y la escuela Zea, que eran solamente para niñas; la escuela federal Santos Michelena, que era de varones; el colegio San José de Tarbes, regentado por hermanas de esa congregación y que fue fundado en febrero de 1927. También existían otras escuelas que llamábamos escuelitas pagas, que eran dirigidas por personas a quienes les gustaba enseñar y donde salían los niños muy bien preparados para segundo y tercer grado muchas veces.

Maestros de esos años en La Guayra, fueron entre otros: Elisa Crespo de Alas, Inés Badillo, Carmen Badillo, Andrea Echarres, Carmen Monasterios, el profesor Fernández Ávila, profesor José Durán, José del Carmen Aranaga; profesores Juan Francisco Aponte, Rafael Martínez Salas, Luisa Bigott, María Teresa Bigott, Luisa Little, Rosa Arias, Totón Gutiérrez, Graciela Alas, Carlota Landaeta, Cecilia Montenegro, Angelita Mercader, Lourdes Pérez, Berta Hidalgo Sucre, Eloína Solís, Luisa Ascanio, Lastenia Pariente y las reverendas hermanas Marie Alfred, Jacinta, Luisa Teresa y Susana, del colegio San José de Tarbes. Había profesores que daban clases a domicilio, como don Emilio Gimón Sterling quien daba clases de inglés, era una persona honorable, curazoleño, pero que se hizo a La Guayra como un nativo; la señorita Rafaela Rodena, puertorriqueña, daba clases de inglés y mecanografía. Don Gimón Sterling fue profesor de nuestra madre y la señorita Rafaela Rodena, de nosotros. Otra maestra que trabajaba a domicilio fue la señorita Irma Guédez. Para todos ellos, un respetuoso recuerdo.

Caracas, 19 de abril de 1989.

AL CRISTO DE LA SALUD DE LA GUAYRA

El Santo Cristo de la Salud
que en La Guayra veneramos
el 17 de marzo, todos los años,
es otro nudo que nos une,
desde épocas remotas.

De donde quiera que estemos,
venimos a saludarlo
y ese día tan hermoso
sirve para reencontrarnos.

Antes, cuando era niña,
cuando era joven,
esta fiesta era grandiosa.

Un coro de voces bellas
en la iglesia San Pedro,
donde Crisanto Marqfoy,
Carmen Marina Ortega,
Rosarito Bethencourt,
Carmen Obdulia Romero,
Luisa Amelia Palacios
y don Tadeo Ortega,
cantaban un Popule Meus
que nos transportaba al cielo.

¡Cuántos recuerdos gratos!
Mi padre,
Rosendo Gómez Peraza,
Salvador Badillo y
don Tadeo Ortega,
Oscar Domínguez,
Manuel Teodoro Muñoz,
Pedro J. Linares,
Marcos Bolívar y otros
cargando el Santo Sepulcro
y mucha gente,
con los brazos extendidos,

tocando nuestro Cristo muerto.

La banda de la policía,
al son de sus marchas fúnebres,
caminaba ante la urna,
que cargada de briseras,
alumbraban la noche
de La Guayra morena,
de La Guayra buena,
de La Guayra bella.

¡Qué devoción,
qué cariño, inspira
nuestro Cristo negro,
el Cristo de nuestro amor
y de nuestro consuelo!
¡Qué viva el Cristo moreno
el Cristo de la Salud,
de toditos los guayreños!

Caracas, 15 de marzo de 1990.

EL CRISTO DE MAIQUETÍA

El Cristo de Maiquetía llegó a esa ciudad en el año 1911, pero fue en el año 1914 cuando el padre Santiago Machado, párroco de Maiquetía, después de una lucha muy ardua, ayudado por muchos de sus feligreses, pudo hacer la gruta y luego inaugurar el bello monumento con el Cristo, venerada imagen del pueblo litoralense. Ese acto se efectuó el día 6 de febrero de 1914, a las cuatro de la tarde. Los fieles plenaban el espacio comprendido entre el atrio de la iglesia de San Sebastián y la placita del Cristo, estando la plaza de Lourdes también plena. Al descorrer el velo que cubría el Cristo, todos los feligreses, dirigidos por el Padre Machado, dijeron: "Adorémoste Cristo y te bendecimos, que por tu santa cruz redimiste al mundo".

El 7 de febrero celebraron una misa encima de la gruta, a los pies del bello Cristo, en un altar colocado para el efecto. El padre Esculpi, muy recordado de nuestros mayores, fue el orador sagrado del día.

El Santo Cristo de Maiquetía, según personas estudiadas en esa materia, es uno de los tres Cristos que existen en el mundo, que tienen los pies separados y un clavo en cada pie. La plaza en que fue colocado la llamaron de Jerusalén, pero comúnmente ha sido llamada la placita del Cristo.

Después de estar inaugurado el monumento al Cristo, poco a poco el padre Machado, con ayuda de personas que regalaron los retablos fue construyendo las estaciones del Vía Crucis, hasta dejarlo concluido.

Pues bien, el Cristo fue bajado de la gruta para repararle la cruz, que estaba carcomida, durante el primer gobierno del presidente Pérez, por el doctor Diego Arria. Construida una nueva cruz, fue colocado el Cristo en ella y llevado a su lugar, encima de la gruta.

En febrero de 1988 nuestro Cristo fue bajado nuevamente; dicen que la cruz se ha vuelto a dañar y que el Cristo hay que retocarlo también. No lo he visto, pero dicen que esta acostado en el suelo, esperando las limosnas que ayuden a su restauración. La gruta fue destruida, no se por qué causa, pues la tradición era el Cristo sobre su gruta. ¿Qué piensan hacer ahora? Si decidieran hacer una votación democrática, de seguro que el pueblo votaría por la gruta que dejó hecha el padre Machado, que le costó buenos trabajos y desvelos, por cierto. ¿Por qué cambiarlo todo? ¿Por qué?

Las diferentes estaciones están sin techo. ¿Y los retablos en alto relieve, estarán bien protegidos? Estas son obras muy delicadas que pueden dañarse fácilmente y después, ¿cuánto costará su restauración?

¿No se podría hacer una petición a las compañías de petróleo, para que cooperen en la restauración del Cristo de la tradición de nuestro pueblo y para que no continúe más tiempo en el suelo? ¡Sería una obra magnifica y qué significaría a esas empresas!

Los encargados del Santo Cristo y de la placita de Jerusalén deben actuar rápido y con energía, antes de que sea demasiado tarde.

Caracas, 23 de marzo de 1989.

LA CASA QUE OCUPA LA SOCIEDAD MUTUO AUXILIO

La casa que ocupa la Sociedad Mutuo Auxilio está situada de Dos Puertas a Cruz Verde, Nº 36, en la calle del León.

Esta casa fue construida a principios de siglo, por el señor Elpidio Aranaga, casado con la señora Mercedes Azcárate, natural de La Guayra. Luego fue del señor Ramón Penso, casado con Ana Victoria Cruces Aranaga, sobrina del señor Elpidio. Después fue vendida al capitán de navío José Joaquín Fuentes y por último, al señor Heriberto Guédez. Este tuvo que vendérsela al gobierno, por un precio irrisorio, según recuerda su hija y entonces la ocupó la Sociedad Mutuo Auxilio.

Antes de tomar posesión de ella la Sociedad Mutuo Auxilio, habían vivido ahí el capitán de la marina mercante don Pedro Vilachá, el señor Carlos Henrique Reverón y su señora Magdalena Gómez y el doctor Rosendo Gómez Peraza, quien era sobrino de estos y que tuvo en ella su primera clínica dental. Por cierto que ahí pudimos oír por primera vez, la estación Skenectady de Nueva York, Estados Unidos, en un radio de galena que trajo el doctor Gómez Peraza después de un curso de odontología que hizo en ese país. Era algo raro y muy especial para nosotros, pues aquí no existía la radio todavía. Siguiendo con las personas que habitaron esa casa, diremos que también vivieron en ella, el señor Carlos Lemoine con su esposa e hijo; la familia Badiola, españoles; los Degout Mora, los Machado Wean y la familia guayreña Guédez Echarres.

Cuando la Sociedad Mutuo Auxilio la ocupó, la casa fue deformada, desapareció el bello balcón que adornaba el patio anterior de la casa, hicieron divisiones en el comedor. Total, que no parece que fuera la casa bella que conocimos y que todos los turistas al verla, tocaban la puerta y pedían conocerla y le tomaban fotos. Su patio anterior adornado con bellas plantas y su cocina antigua con un gran fogón y una hermosa chimenea, que no sé si desaparecieron.

Las sobrinas del señor Aranaga nos contaban, que él de vez en cuando ponía a asolear las morocotas, monedas de oro que guardaba, en la azotea, para que perdieran el mal olor de la humedad. Nadie podía subir al alto, pues él era muy celoso de que nadie las viera.

Varias personas que allí vivieron decían que salían espantos, veían una mujer vestida de blanco y de pelo negro y muy largo; también a un hombre. Dicen que alguien que arregló la casa o que vivió en ella, sacó un entierro de morocotas que estaba en un nicho que existía en la escalera del comedor.

En La Guayra se aseguraba en aquella época, que mucha gente había encontrado esos tesoros que los españoles, cuando el terrible decreto de Guerra a Muerte, habían escondido antes de su angustiosa huida, pensando en que algún día podrían volver a buscarlos.

El señor Elpidio Aranaga fue jefe de una familia honorable. Su hijo, Juan Aranaga, fue uno de los maestros más distinguidos de La Guayra. Elpidio, Rafael y Clotilde, fueron sus otros hijos.

Al frente de la Sociedad Mutuo Auxilio vivieron nuestra madre y nuestra tía desde el año 1905, hasta la década de los años 40. Ahí, entre las casas Nº 35 y Nº 37, nacimos y crecimos las hermanas Blanco Henríquez y es por eso, que conocemos la historia de la hermosa y linda casa de aquellos tiempos y recordamos como si fuera hoy, las familias que la habitaron y que fueron nuestros apreciados vecinos.

Caracas, 10 de julio de 1989.

HOSPITAL DE SAN JUAN DE DIOS DE LA GUAYRA I

Fray Francisco de Ayete, de México, pero que a la vez era procurador general de todas las Indias, pidió permiso al gobernador de Venezuela, en 1634, para construir un hospital en La Guayra; pero no le fue concedido. Habiendo muchas necesidades de un hospital en el puerto, los habitantes piden se permita a los hermanos de San Juan de Dios fundar el hospital. Por fin en 1717, con la aprobación del gobernador y del obispo, Su Majestad, el Rey de España, accedió a la construcción del hospital, que con el producto de la venta de la hacienda de Todasana donada por la señora Josefa Gorliz, dejada en su testamento en el año 1706, fue hecho.

Dicen los señores González Hernández y J. L. Barquillo en el libro que escribieron en 1883 "que el hospital estaba regentado por la junta nombrada por el concejo Municipal y parte muy activa en el mejoramiento y engrandecimiento de tan importante obra, la tuvo el general Juan Bautista Arismendi, pues debido a su asidua constancia consiguió aumentar notablemente sus rentas, que sólo alcanzaban en años anteriores para el sostenimiento de ocho enfermos y luego pudo llegar a sostener veinticinco, bien alimentados y sostenidos de un todo. Sus pisos eran de madera y el del patio, de cemento romano. Tenía un mobiliario completo para el uso de los enfermos y una bonita capilla con la efigie de San Juan de Dios, además poseía, anfiteatro, botiquín, pilas, baños y alumbrado, todo reconstruido y sus paredes fueron pintadas al óleo". Era solamente un hospital para hombres. El hospital de mujeres se llamaba De la Caridad y estaba situado en ese sitio vecino a la plazoleta de El Guamacho.

En el hospital de San Juan de Dios de La Guayra, en el año 1840, trabajó un médico alemán, famoso por el líquido momificador que inventó. El se llamaba Gotfried Knoche y fue traído a Venezuela por la colonia alemana. Trabajó varios años en el hospital de San Juan de Dios y después se retiró a vivir en el Picacho de Galipán, en una casa que llamo Bella Vista. Mandaba a un sirviente que tenía, a buscar algún cadáver de una persona que murió y no tenía familiares, al hospital de La Guayra y a lomo de mula, lo subían. En la casa, le inyectaba el líquido momificador por la yugular para conservarlo sin tener que sacarle las vísceras. Momificó a su hija, la señorita Ana Knoche, a sus parientes y al soldado de la Federación José Pérez, quien murió en el hospital de San Juan de Dios en La Guayra. El cadáver de este hombre lo colocó en la entrada de su casa. Tenía momificados 12 cadáveres en total. Después de morir el doctor Knoche, su ama de llaves, la señora Amalia Weissmann, quedó en la casa cuidándola. Ella le dio una copia de la llave de la casa al cónsul alemán de La Guayra, señor Julio Leisse y al señor Carlos Henrique Reverón, empleado de la Casa Blohm y les dijo que, al morir, sus restos fueran quemados y sus cenizas fueran tiradas al mar.

Caracas, 8 de mayo de 1989.

HOSPITAL DE SAN JUAN DE DIOS DE LA GUAYRA II

El hospital de San Juan de Dios de La Guayra estaba situado al lado de la iglesia de San Pedro Apóstol, hoy catedral.

Para los años 20, 30 y 50, las hermanas de San José de Tarbes tenían bajo su cuido y dirección el hospital de San Juan de Dios. La reverenda hermana Isabel como directora y la reverenda hermana Osber como su ayudante. Ambas francesas y fueron muy estimadas en La Guayra.

Para esos años el hospital tenía una sala para mujeres, del lado de arriba, separada de los hombres completamente.

Médicos de ese hospital fueron el doctor Delgado Palacios, el doctor César Almaral, el doctor Enrique Palacios, el doctor Luis Velásquez, el doctor Humberto De Pascualli, el doctor M. V. Méndez Gimón, el doctor Víctor García Salazar, el doctor Luis Lozano Gómez. Enfermeras fueron Rafaela Rodena, una señorita puertorriqueña muy preparada y abnegada y segura en su profesión. Su retiro, para seguir estudios en Puerto Rico, fue muy sentido en el puerto. La hermana Inmaculada también fue enfermera del hospital, y hablando de éste, no puedo dejar de recordar al señor Daniel Perdomo, de oficio carpintero pero que ayudaba a las hermanas en todo lo que podía, lo mismo que a los padres en la iglesia. Fue un guayreño muy útil en la comunidad. La familia Moreau le apreciaba bastante, lo mismo que todos los que le conocíamos.

Una cosa increíble pero cierta que sucedía en el hospital. Como en La Guayra de esa época no existía carro fúnebre, un señor de nombre Luis Salas, muy corpulento y de mucha fuerza, era, en compañía de dos amigos, él por delante y ellos dos por detrás, quienes llevaban en hombros la urna hasta el cementerio, cuando por supuesto, era un pobre de solemnidad el que moría y no tenía familia. Cuando se cansaba en el camino, colocaban la urna en la acera o la calzada y se ponía a tocar maracas. Cargaba un escaparate como si fuera una barajita, por eso, el apodo, lo llamaban Camión. Fue un hombre de mucha utilidad para el Hospital de San Juan de Dios. ¡Qué Dios lo tenga en la Gloria!

Pues bien, el hospital de San Juan de Dios dejó de existir al construirse el hospital José María Vargas, en lo que se llamaba Guanape. En el sitio que antes ocupaba el hospital ahora funciona la escuela La Guayra. El bello jardín que adornaba su frente fue destruido, sus árboles y rejas pasaron a mejor vida y ahora es sólo un estacionamiento anti-estético, gracias a la civilización.

Caracas, 19 de julio de 1989.

LA GUAYRA, ¿CON I LATINA O CON Y GRIEGA?

Huayra es un vocablo indígena de procedencia Quetchua, según los estudiosos de dialectos y que significaba, fuego, viento, horno, calor. Los indios la pronunciaban simplemente Uayra. A los primeros españoles que oyeron la expresión, les sonaba más fácil pronunciarla con G y se la acomodaron por delante; y también la escribieron con Y griega, pues seguramente les recordaba el sonido de esta letra en el país, tal vez más cadencioso que el de la I latina, que parece cortante y más seco.

En todos los documentos antiguos La Guayra aparece escrita con Y griega; también mi padre, quien era español, lo escribía así y es por eso que desde niña, lo hago de esa manera. Me gusta y es bonito conservar la tradición, las costumbres de los antiguos.

La Tradición, con mayúsculas, es lo que une a los pueblos y los hace grandes y fuertes y, para muestra, basta observar al pueblo judío cuya tradición la llevan consigo a todas partes y por eso, donde quiera que estén, prosperan, porque se ayudan y se unen alrededor de su religión y sus costumbres tradicionales, que no abandonan ni que se encuentren en el polo opuesto de sus lugares de origen y de sus ancestros.

Con respecto a que La Guayra algún día será llamada Guayra, a secas, no puedo comprender por qué razón eso pueda suceder. Pienso que sería una ocurrencia de algún ocioso, de personas que no hallan en que ocupar su tiempo, pues es tan precioso, para hacer tantas cosas bellas y útiles que si necesitamos en La Guayra y que no sería, precisamente, quitarle, después de 400 años, el artículo que la ha acompañado siempre.

¡Qué raro sonaría a todos los venezolanos, oír decir: "Vamos para Guayra", "Y cómo te fue en Guayra"!. Parece ridículo... Como natural de La Guayra, protesto de antemano ...

¿Por qué ese desmedido afán de cambiar todo? Conservemos nuestra tradición, nuestras costumbres sanas, pues eso nos une y nos hace fuertes.

Caracas, 1 de agosto de 1989.

El 29 de junio, el pueblo guayreño al cumplir 400 años de fundada su ciudad, recuerda con respeto a los primeros hombres que la habitaban, los indios Guanayras y los indios Tarmas, quienes lucharon por conservar su libertad y sus tierras, cuando Francisco Fajardo vino a conquistarlas; pero que al fin sucumbieron por la superioridad de las armas de los conquistadores.

La Guayra fue fundada por don Diego de Osorio y Villegas en 1589, "fecha en que se traza la plaza, las dos calles principales que van de naciente a poniente, se hacen chozas y bodegas y se levanta una barraca para el templo, el cual por cierto duró poco tiempo", como lo dice en su libro "Apuntes y tradiciones de La Guayra", el señor Enrique Rivodó.

Nuestro primer puerto tuvo que sufrir calamidades sin fin. Desde los ataques de los piratas que una vez y otra diezmaban la población; las pestes que les traían los barcos del extranjero; la langosta, los grandes vientos, las crecientes desvastadotas del Osorio, las calderetas que arrasaban con sus débiles viviendas. Tantas vicisitudes fueron forjando un pueblo fuerte, como para poder soportar con valentía las calamidades que la vida le tenía deparadas y logra así por fin hacer un pueblo floreciente. A semejanza de los pueblos españoles, sus callecitas de piedras, muy angostas para protegerse del sol ardiente; sus balcones corridos, sus balconcetes, sus placitas arboladas y con sus fuentes en el centro para que los vecinos pudieran recoger el agua; sus castillos para proteger la entrada al país de los piratas, La Pólvora y El Vigía; el castillo de San Carlos, su cementerio y sus bellos templos conjuntamente formaron una ciudad acogedora, sencilla y a la vez señorial. La Compañía Guipuzcoana, a pesar del monopolio que ejercía, le dio vida al pueblo y desarrolló el comercio marítimo, dándole el movimiento que necesitaba para su desarrollo.

No podemos escribir hoy estas líneas sin recordar algunos nombres de ilustres guayreños que forjaron la historia de nuestro pueblo: José María España, Manuel Gual, José María Vargas, Carlos Soublette. Otros se distinguieron como poetas, escritores, periodistas: los Rivodó, Manuel María Villalobos, Echarres, Castro Ramón López, Castro Fulgencio López, Jacinto Egui, Pedro J. Linares M., Elías Pérez Sosa, J.A. Domínguez Rivodó, para nombrar solamente algunos de los que se han ido. Como educadores: Juan Aranaga, Elina Marins, Carmelita Fernández y don Gimón Sterling y doña Elisa Crespo de Alas, quienes no siendo nativos, dieron buena parte de su vida a la enseñanza. En la música también ha tenido La Guayra sus hombres sobresalientes, entre ellos: Paolo, autor de Fúlgida Luna y Pedro Elías Gutiérrez, autor de Alma Llanera y director de la banda marcial, Cruz Felipe y Luis Santana. Violinistas, pianistas, organistas, cantantes líricos, hombres de teatro y pintores. En fin, que La Guayra ha dado muchos hijos que han honrado su nombre en todas las épocas, siendo imposible nombrarlos a todos en este artículo.

Al correr de los años La Guayra ha ido decayendo. La naturaleza implacable terminó con muchas cosas bellas que ella tenía y deformó su paisaje, arrasando las aguas enfurecidas, con casas, puentes y murallas; el terremoto del 67 terminó con gran cantidad de tejados que han sido cambiados por asbesto; la construcción de la autopista terminó con tres placitas, el castillo del Faro, el castillo de Puente de Mulatos y el paseo de la orilla del mar; la calle del Comercio y la del Boulevard, de donde desaparecieron todos los negocios, medio de subsistencia para ese pueblo. Así es que, un gran alivio para sus problemas, sería un turismo bien administrado.

Ahora que tenemos autonomía, no debe ser para adorno, para solamente jactarnos de que somos autónomos. Ahora tenemos que conservar la Guipuzcoana que está enferma; la ermita del Carmen que se va a caer, debemos mantener las fortalezas, arreglar las calles y aceras, corregir o terminar con las aguas pestilentes de la calle Bolívar y la plaza Vargas; limpiar el río Osorio perennemente; hacer campaña para que la gente limpie sus frentes y no ensucie las calles, ni el río Osorio; terminar el paseo a la orilla del mar. Esto tiene que repetirse hasta el cansancio, porque es lo que hay que hacer.

La Guayra necesita de la mano amiga que la saque del marasmo en que se encuentra, para hacer de ella un lugar que honre y dignifique al país, ya que se lo merece con creces, por su historia, por sus hijos ilustres de ayer y de hoy, por ser el primer puerto y por haber sido maná para el tesoro nacional toda su vida.

Señor presidente de la junta Administradora, señores concejales, tenemos los guayreños los ojos fijos en ustedes, con paciencia hemos esperado y esperamos que hagan por La Guayra lo que ésta reclama con urgencia, sin más tardanza. Ahora, si es que no alcanza el presupuesto, si no hay dinero para hacer lo que se debe, hay que hablar con el gobernador, con el Presidente si es posible; pero a La Guayra hay que arreglarla, no es legal que cumpla sus Cuatrocientos años en el estado deplorable en que se encuentra.

Caracas, 21 de mayo de 1989.

AQUÍ LA GUAYRA, SEÑOR GOBERNADOR

Señor gobernador, con el respeto que usted nos merece, deseamos decirle hoy, que La Guayra no resiste más decretos ni comisiones, por más honorables que sean, para estudiar lo que debe hacerse en ella. Lo que La Guayra necesita primeramente es que se empiece, sin más demora, a arreglar sus calles, sus aceras, a limpiar el río Osorio y mantenerlo luego; arreglar la ermita del Carmen que se está deteriorando cada día más y que ahora, por el descuido en que la tienen, se está convirtiendo en basurero público; mantener La Pólvora y el fortín San Carlos; mantener los pasos peatonales debajo de la autopista, para que no ofendan sus malos olores, su suciedad y los vagos que en ella duermen y lo ensucian, a las personas que tienen que traficar por ellos; poner vigilancia policial para cuidar su población y a los turistas que suben a conocerla; hacer desaparecer las aguas pútridas de la calle Bolívar, detrás de la Casa Guipuzcoana, arreglar sus cementerios y terminar el paseo a la orilla del mar, que ya está empezado, desde que fue gobernador el doctor Diego Arria, a quien es honrado reconocer, hizo tanto por La Guayra.

Tenemos conocimiento de que el ministro de la Defensa está estudiando reconstruir El Vigía, a la par que otras fortalezas del país. Como usted verá señor gobernador en La Guayra hay muy poco que inventar; hay que actuar, cosa que todos le agradeceríamos, si es que está en sus posibilidades. La Guayra se merece, por ser el primer puerto, por su material humano y por haber dado tanto al tesoro nacional toda su vida, que se le atienda sus necesidades con urgencia.

Caracas, 30 de mayo de 1989.

Los entierros que durante mi infancia y mi adolescencia vi. en La Guayra, mi tierra, me impresionaron mucho. En mi mente quedó grabado para siempre el ruido que hacían las pisadas de las personas que acompañaban el entierro, al rozar las piedras de nuestra bella callecita colonial.

Detrás de la romanilla de nuestra ventana, veíamos y oíamos sobrecogidas, el paso del cortejo fúnebre y mientras las campanas doblaban en la iglesia, anunciando el entierro, en silencio orábamos por el descenso del alma del difunto.

Lo principal en esa época era el RESPETO, que practicábamos de una manera natural, porque nos salía muy de adentro.

En La Guayra de aquellos años 30 y pico, todos los entierros eran buscados en la casa por el sacerdote; allí le rezaban un responso y luego eran llevados a la iglesia, en donde les hacían el servicio fúnebre mientras doblaban las campanas.

Los terrenos que bajaban por delante de nuestra casa, de Cruz Verde a Las Dos Puertas, al llegar a esta esquina donde había que doblar para dirigirse a la iglesia, los que cargaban la urna se preparaban para darle los tres cuartos, paso obligado para el cruce y luego, de dar varios pasos hacia adelante y hacia atrás, daban unos pasos rápidos hacia adelante para enrumbarse a la iglesia ¡costumbres curiosas de todas nuestras ciudades y pueblos! Cuando la persona era muy querida lo llevaban en brazos de amigos hasta el cementerio.

En La Guayra había un trencito que llamaban El Tigrito, especial para conducir el entierro al camposanto, ya que no existía el carro fúnebre en las funerarias del puerto. Por ese mismo motivo, cuando en el hospital moría un pobre de solemnidad, que ya no tenía familia, había un señor que ayudado por dos hombres del pueblo, cargaban la urna y la llevaban camino hasta su última morada. Cuando se cansaban, porque el trayecto desde el hospital de San Juan de Dios hasta el cementerio municipal, en Guanape, era largo, ponían la urna sobre la acera o la calzada y el señor Camión, que por ser un hombre muy corpulento y de mucha fuerza, así lo llamaban, sacaba sus maracas y las tocaba, mientras sentados, descansaban los tres. Los que lo acompañaban en ese raro trabajo eran apodados Guelefó y Juan Sin Paltó. Esta gente formaba también parte de La Guayra y los queríamos.

Se me olvidaba decirles que, cuando el difunto era masón o vivía en concubinato, o no se confesaba antes de morir, el sacerdote de aquellos tiempos no iba a buscarlo a su casa para acompañarlo a la iglesia.

También existía el entierro de Cruz Alta, o sea, que el sacerdote y dos monaguillos llevaban cada uno, una cruz alzada delante del sarcófago, desde la casa hasta la iglesia. Ese era un entierro de lujo. Todavía me parece estar viendo a Gustavo Carvallo y a Víctor Vincenti, acompañando al sacerdote, vestidos de monaguillo.

En uno de los óleos que yo he pintado, quise dejar plasmado los sentimientos que me causaban los entierros de Cruz Alta que por mi casa pasaban y que llame: "Cruz Alta por Las Dos Puertas".

Caracas, 31 de mayo de 1989.

En La Guayra hubo varios entierros que los guayreños que los vieron, recuerdan todavía. Uno de ellos fue el entierro del capitán de fragata Ramón Díaz (q.e.p.d.) el 25 de febrero de 1926. A pesar de que los sacerdotes no fueron a buscarlo a su casa para cantarle los responsos, como se usaba en esa época, porque era masón, grado 33, la ceremonia fue impresionante. Sus compañeros lo acompañaban, mientras una banda de música tocando marchas fúnebres, lo precedían.

Al llegar al cementerio de los extranjeros, en El Guiriguire, donde fue inhumado, el vapor Maracay, último barco de guerra que comandó y que salió de La Guayra a medía máquina, navegando, para acompañarlo en la travesía por el mar, hizo salvas para despedirlo.

Otro que es difícil de olvidar, fue el entierro de la señorita Carmen Almaral, hija del doctor César Almaral, médico muy querido de La Guayra. Una banda la acompañaba mientras dejaban oír sus tristes notas.

Muchas personas por su inesperada enfermedad y muerte, en la plenitud de su vida, pues murió muy joven, acongojadas la siguieron en su viaje final.

Su padre, ya enfermo, su novio y sus hermanos y amigos, reflejaban en sus rostros, la tragedia que vivían. Que descansen en paz.

Caracas, 18 de junio de 1989.

DON CELEDONIO PÉREZ G.: UN HOMBRE EJEMPLAR

Deseo escribirles hoy sobre un hombre que se distinguió en La Guayra, por su hombría de bien y su amor por el pueblo y por la gente que lo rodeaba. (Los jóvenes tienen derecho a conocer de historia de hombres como él y los mayores, a recordarlas).

Don Celedonio Pérez nació en Santa Cruz de La Palma, islas Canarias y había hecho de Venezuela su segunda patria, donde vivió durante treinta años, hasta su muerte. Fue casado con una guayreña, hija de padres canarios, la señorita Albertina Henríquez Fernández, formando un hogar donde la caridad era lo principal y que ejercían sin mirar a quien.

Don Celedonio fue un hombre sencillo y trabajador, que a esfuerzos propios, subió todos los escalones, poco a poco, hasta lograr el éxito en sus negocios y que luego, con la humildad que lo caracterizaba, consiguió que la masa del pueblo guayreño, lo respetara y lo quisiera. Nunca se envaneció. Su almacén se llamaba: "Celedonio Pérez F." y estuvo situado en el lugar que hoy ocupa la casa de Salustiano Plaza, al lado de la Casa Guipuzcoana.

Pobres y ricos, mujeres, jóvenes y viejos, tuvieron siempre la ayuda del consejo a tiempo y el paño de lágrimas para sus necesidades; por eso a la hora de la muerte, don Celedonio tuvo lo que se merecía.

La Guayra, Maiquetía y Macuto en pleno se hicieron cargo de su entierro, pues saliendo a las cuatro y media de la iglesia, después de la ceremonia correspondiente, llegó a las siete de la noche al cementerio de los extranjeros, porque todo el mundo deseaba cargarlo y había que cambiar de guardia constantemente. Una banda de música tocaba marchas fúnebres. El vapor "Colón", haciendo el mismo trayecto por el mar, mientras el entierro iba por la carretera, en brazos de amigos, hacía sonar las sirenas, en señal de despedida. Muchas de las personas que iban tras él, lloraban, recordando sus bondades. El tránsito se interrumpió por tres horas.

El periódico "Azul" del señor Elías Pérez Sosa, publicó una edición especial el día 27 de abril de 1927, pues ya la otra se había agotado, para publicar todo lo que pasó y se dijo el día de su muerte.

Escritores como Elías Pérez Sosa, Fabio Bocanegra, J.S. Quintero, C.A. Domínguez Rivodó, Jacinto Egui, Elías Landaeta, Emilio Gimón Sterling, dijeron cosas como ésta: Fabio Bocanegra, "la sociedad y el pueblo de Vargas no se consolarán jamás de esta irreparable pérdida, que reviste todos los caracteres de una desgracia pública". De Elías Pérez Sosa, "jamás había presenciado La Guayra una manifestación de duelo tan imponente". "Todas las embarcaciones de velas habidas en el puerto, el lunes, día de su fallecimiento, pusieron banderas a media asta en señal de duelo. También todos los vice-consulados extranjeros, hicieron lo mismo".

De Jacinto Egui: "Celedonio Pérez, todo caridad y desprendimiento fue el prototipo del hombre bueno por excelencia". De Elías Landaeta: un hombre bueno. ¡Qué epitafio más hermoso sobre la lápida de este sepulcro!

A este hombre singular, trabajador incansable, amigo sincero, bondadoso, caritativo, los guayreños debemos hacerle un reconocimiento público y por eso hoy, a los 62 años de su muerte, elevamos una oración ante el recuerdo imperecedero de su nombre y de su alma. ¡Descanse en paz, don Celedonio!

Caracas, 4 de junio de 1989.

A La Guayra en sus 400 años
MIS SUEÑOS

¿Quién pudiera saber
Guayra mía,
si desde este nuevo cumpleaños
que celebras,
tus calles humildes, angostas
y empinadas,
brillarán nuevamente
de limpieza y de paz,
como brillaban tus piedras
y el alma de tus gentes,
en los años felices de mi infancia?

Que tu mar,
límpido, bravío y sano,
vuelva a dar salud y fortaleza
al que se bañe en sus aguas,
pletóricas de yodo, sal de vida;
como cuando en el pozo del Guiriguire
los guayreños, solíamos tomar en ellas
su baño acariciante ...
Es mi sueño, que ya que
nuestras placitas,
"Bolívar y de la Aduana",
"Libertador o del Mercado" y
"Los Cañones", sucumbieron,
resucitaran nuestro
paseo "24 de julio", amado,
con sus pinos marinos, sus uveros,
sus clemones; de otro lugo, sus helados,
y la romería de guayreños, por las noches,
respirando la brisa fresca del norte,
olorosa a mar Caribe,
a nuestro mar…

Que los niños guayreños
puedan saborear otra vez
las delicias de las uvas de playa

y de los almendrones,
acompañando a los chicharros,
que hayan pescado
en el muellecito del paseo,
y que en ensartas lleven a sus casas,
para, en comunión con la familia,
coman fresquesitos con arepas.

En fin, deseo, que todos los que
hoy la habitan, recuerden:
"que aquella gente sana, laboriosa,
humilde, sin riquezas,
dejó ejemplo de valor, trabajo,
sacrificio, honradez,
orgullo de ser guayreño,
y sobre todo,
un acendrado amor por el terruño"…

Caracas, 20 de junio de 1989.

LA GUAYRA COLONIAL

Si queremos hacer de La Guayra un lugar acogedor para vivir, un lugar turístico además, debemos pensar primero en conservarla como siempre ha sido, una ciudad de una belleza humilde, pero llena de encanto.

La Guayra ha sido un pueblo muy sufrido. En 1936 empezaron por arrancarle sus piedras que la embellecían y distinguían de cualquier otra ciudad. Por sus lindas callecitas llenas de paz, los niños y las niñas podíamos jugar tranquilos, sin pensar en los camiones que interrumpieran nuestros sanos juegos, o rompieran nuestras ventanas y aleros. Poco después, también fueron desapareciendo sus bellas fuentes de mármol y bronce.

En la década del 50, con la construcción de la avenida Soublette, perdió La Guayra más de la mitad de su tradición, de su pasado, que se nos fue con la placita de Los Cañones, la plaza Bolívar, la estación del ferrocarril, el boulevard del Tajamar, el castillo del Faro, la plaza del Libertador o del Mercado, la cárcel donde estuvo preso el Generalísimo Miranda, la calle del Comercio, el café de la estación, fuente de soda donde íbamos a tomar helados y dulces deliciosos; la Logia, el cable francés, el castillo de Punta de Mulatos y nuestro amado paseo "24 de Julio" a orillas del mar, frente al Cardonal.

En 1951 la creciente del Osorio se llevó los frondosos árboles del río, en el puente de Jesús, dejando ese bucólico lugar como un erial, atascó los puentes, rompió murallas y arrasó la bella casita de la Cruz Verde, llevándose de paso muchas vidas.

El terremoto del 67 dejó a La Guayra sin muchos tejados. Horribles techos de asbesto sustituyeron las tejas y luego sus habitantes, desobedeciendo la orden de no tocar techos ni frentes, han ido poco a poco desbaratando el ritmo de los techos de dos aguas, rematados por aleros, construyendo encima de ellos, tarantines que parecen ranchos, a la vista indiferente de las autoridades de turno.

Ahora piensan hacer algo en La Guayra. ¿Qué será? ¡No lo sabemos! Esperamos que sean reparaciones que no dañen su tradicional arquitectura.

Es necesario arreglar sus calles y aceras, pintar sus casas o promover una campaña para que sus dueños las pinten; limpiar el cauce del río, mantener decentes los pasos de peatones en la Soublette, cambiar asbesto por tejas, sobre todo en San Francisco, reparar ventanas de madera rotas por los camiones de alto tonelaje que suben Guayra arriba; poner en la esquina del León los obstáculos que una vez estuvieron ahí para evitar que esa clase de transporte subiera; quitar las aguas negras que caen en la calle Bolívar detrás de la Guipuzcoana; arreglar sus cementerios; reparar la ermita del Carmen y las fortalezas y terminar el paseo a la orilla del mar, frente al Cardonal. Arreglar y pintar la antigua casa de la Corporación del Puerto, frente a la plaza Vargas.

Como verán, no hay nada que inventar, hay que hacer lo que está a la vista y con eso, y luego mantenimiento perenne, La Guayra quedaría bella para su cumpleaños. Es justicia.

Caracas, 4 de marzo de 1989.

VIDA EN LA GUAYRA I

En La Guayra de mis seis años, en 1927, estaban las costumbres más rezagadas en muchas cosas; pero eran las personas, a su manera, felices y tranquilas; todo lo llevaban con calma, eran sobrios, económicos y conformes, lo que desgraciadamente se terminó después, con la bonanza que vino de 1948 en adelante y que complicó la vida del venezolano.

En casi todas las casas existía un fogón en la cocina; el de nuestra casa tenía tres hornillas y en la parte de abajo, a la derecha, un boquete para sacar por ahí las cenizas y abañar las brasas cuando estaban apagosas. Se cocinaba con carbón y en otras casas, simplemente con leña. Para prender los carbones se usaba una astilla de madera que se mojaba en querosén, se colocaba entre los carbones en la hornilla, se le prendía un fósforo y la llamita que duraba encendida un rato, hacía que los carbones prendieran más rápido, acompañando a esto, por supuesto, el aire, que con un abanico agitaban, para que las llamas subieran. Encima del fogón, una chimenea.

A principios de 1928, nuestro padre compró una cocina de gasolina, y adiós carbón. Un día tuvo que tirarla al río Osorio, desde el balcón, porque se incendió y no podía apagarla. Después, tuvimos una cocina de querosén. Mucha gente usaba "Primus", una cocina de gasolina, muy peligrosa por cierto.

En casa planchaban para esa época con planchas de hierro. Un anafe con carbón había en todas las casas. Al terminar de planchar, las planchas se untaban con sebo y para luego volver a usarlas, tenían que limpiarse muy bien. Se agarraban con una almohadilla hecha en la casa. En próximo artículo les seguiré contando esta historia.

Caracas, 28 de septiembre de 1989.

VIDA EN LA GUAYRA II

Continúo hoy mi artículo anterior diciéndoles que, después de las planchas de carbón, se usó en mi casa una plancha de gasolina. Tenía su bombita y en casa la manejaban muy bien. Por fin vino la plancha eléctrica en 1930, más o menos, y entonces, en nuestra casa planchaban de noche, porque en La Guayra todavía no había luz de día. Encendían la luz a las 6 de la tarde y la cortaban al salir el sol. En La Guayra, cuando yo tenía siete años, el farolero subía con su escalera a prender los faroles, en la parte más alta de la ciudad.

Para hacer las deliciosas arepas, se mandaba a la molienda el maíz ya sancochado, o se molían en maquinillas de moler caseras. Muchos años después fue que vino la harina precocida. Las arepas se cocían en budares de barro y siempre existía un cuchillito rabón, un toconcito, para rasparles lo quemadito.

Para fregar los cacharros se usaba el estropajo, producto de una planta enredadera y arena del río, junto con jabón de panela. No existía esponja de alambre ni de brillo, ni polvo Ajax, por supuesto. Al terminar de fregar las mujeres se estregaban las puntas de los dedos con limón, para evitar los uñeros que producía el jabón, y para suavizar las manos se untaban al final del día, aceite de oliva con azúcar, esa era la mejor crema.

Se lavaban en bateas de madera que vendían en las ferreterías y en el mercado y se asoleaba la ropa sobre planchas de zinc, en los patios o azoteas. El jabón que se usaba era de panela azul, o las Llaves, que era amarillo; y para estrujar las manchas fuertes, se usaban estropajos o huesos de paleta. Existía la lejía Diana, que fabricaron en Caracas los hermanos Roura. La batea de cemento vino después y fue adaptado su desagüe a la cañería.

No puedo terminar este artículo sin pedir la ayuda de Dios, para todos, pero en especial para el que inventó la harina precocida. Las venezolanas no tenemos con qué pagarle eso.

Caracas, 29 de septiembre de 1989.

VIDA EN LA GUAYRA III

Hoy sigo hablándoles sobre cosas que pasaban en La Guayra y en nuestro país en los años veinte y pico.

En esa época no existía la radio en Venezuela. Nosotros, como una cosa del otro mundo, pudimos oír por radio de galena, que trajo el doctor Rosendo Gómez Peraza, de los Estados Unidos, la estación Skenectady de Nueva York. Nos poníamos unos audífonos y así podíamos oír. En La Guayra existían las victrolas, a las cuales teníamos que darle cuerda con una manigueta que traía y las electrolas que eran más grandes y tenían una gran corneta que parecía una azucena. Las agujas había que cambiarlas con mucha frecuencia.

Las películas eran silentes. Salían las leyendas escritas en las pantallas. Mientras pasaban la película en el teatro Lamas, los músicos tocaban el violín. Entre ellos recuerdo a Paolo Machado (q.e.p.d.). Cuando la escena era alegre, tocaban música alegre y movida, si era una escena de amor, tocaban algo dulce y cuando era una escena triste, música triste. Después, por fin, vino el cine parlante y todos nos contentamos mucho. Si era hablado en inglés, la doblaban en español. Uno de los ases del cine mudo fue Charles Chaplin. Por esa época vimos a "Ramona" por Dolores del Río, "Los Miserables", en la cual hablaban en francés y el "Fantasma de la Opera".

También en ese tiempo vino a Venezuela Charles Lindbergh en su avión "El Espíritu de San Luis" y aterrizó en Maracay, después de haber volado de Nueva York a Paris, cruzando el Atlántico por primera vez. Esto fue un gran acontecimiento en Venezuela y por eso cuando secuestraron a su pequeño hijo la gente se conmovió y mucho más, cuando lo encontraron sin vida. Era el año 1927.

En el año 1928 se presentó también la terrible parálisis infantil en nuestro país, importada de los Estados Unidos. Nos prohibieron comer las frutas que venían de allí: manzanas, peras, albaricoques y ciruelas y como no se sabía como contrarrestar la enfermedad, aconsejaban asepsia. Lavar muy bien las manos, hacer gargarismos con agua oxigenada y nos colocaban en el vestido, en el pecho, una bolsita con alcanfor, que teníamos que oler con frecuencia, para que las vías respiratorias se mantuvieran desinfectadas. Además, nuestras madres nos enseñaron una oración a Santa Rosalía, abogada de los pestosos que rezábamos varias veces al día y decía así:

> ¡Salve Rosalía hermosa,
> salve de Jesús amor,
> líbranos con tu favor,
> de esta peste contagiosa,
> pues de Dios tienes poder
> para quitar y expeler
> de este mundo, todo mal
> líbranos con tu piedad,

ampáranos esta merced!
Amén.

¡Indiscutiblemente, eran otros tiempos, muy distintos por cierto!

Caracas, 1 de octubre de 1989.

VIDA EN LA GUAYRA IV

En nuestras casas en los años de mi infancia y adolescencia no existían neveras. Usábamos nuestros bellos y útiles tinajeros. Los de casa eran siempre pintados de verde. El agua se echaba dentro de la piedra porosa que estaba en la parte alta y que siempre tenía una tapa de madera. La humedad hacía que la piedra se llenara de helechos vinagrillo, que llamábamos de tinajero y lucia precioso con sus ramas destilando el agua que salía gota a gota, produciendo unos sonidos armoniosos, que parecían notas musicales. Guindado dentro del tinajero, había un cántaro que tenía puntas muy agudas en su orilla, para evitar que la gente tomara agua por el. El agua salía muy fresquesita y provocaba beberla. Para que se mantuviera fría, vertían un poco de esta agua en una pimpina de barro, la cual tenía su respectiva tapa y como sudaba, el agua se mantenía a una temperatura agradable.

El hielo lo vendían en panelas en la calle del Tajamar, frente a los muelles y era fabricado en Maiquetía. Se envolvía en un coleto especial para ello y luego en papel de periódico, para que durara hasta la noche.

Como no existía la nevera, había que ir al mercado todos los días, para comprar la carne, el pescado, el pollo y las verduras fresquesitas.

Se compraban los pollos vivos, después que nos vinimos a Caracas, pues en La Guayra teníamos gallinas en casa. Siempre en la casa había una persona que se ocupaba de matarlos. La viejita que los mataba en casa, abuelita Juana, un día le dio vueltas al pobre pollo, con tanta fuerza, que el cuerpo voló allá lejos y ella se quedó con el pescuezo en la mano. ¡Qué barbaridad! También ella les sacaba a las gallinas una pepita que a veces les salía en la lengua y no las dejaba comer y morían y también les quitaba la pepita con la lengua y todo. Ella no veía bien y tenía mucha fuerza en las manos.

Volviendo al agua, vinieron los filtros y le quitaron el puesto al tinajero de tantos años. Los filtros eran de loza y tenían bujías para filtrar, que había que lavar todos los días. Unos eran de pared y otros de mesa.

Se me olvidaba decirles que, en tiempos de colerina y diarreas acostumbraban ponerle al agua en la tinaja, un terrón de azufre. Como desinfectante.

Caracas, 30 de septiembre de 1989.

VIDA EN LA GUAYRA V

Continuando con la historia simple de La Guayra hoy les diré que para moler los aliños teníamos una piedra ahondada; ahí se colocaban los ajos, las cebollas, el pimentón y con una piedra redondita y lisa se majaban éstos.

En nuestra casa también había un almirez o mortero; unos eran de cobre y otros de madera y tenían una manito del mismo material para triturar los aliños.

Teníamos un molinillo para moler el café cuando se compraba en granos.

Barríamos con escobas de millo, hechas unas con veradas y otras con palo liso. Éstas eran más caras y costaban dos bolívares o dos bolívares cincuenta y las primeras, Bs. 1,50 y estaban ya carísimas.

En todas las casas había un catre, pues todas las señoras daban a luz en la casa y esa era la cama clínica. Al pobre catre y eso que era tan útil, lo llamaban El Criminal. Cuando en una mudanza alguien cargaba el catre, le decían: "Ahí va fulano y El Criminal a cuestas". ¡Vaya usted a saber por qué le dirían así!

El día lunes, día de las Ánimas Benditas, siempre se prendían velas y lamparitas de aceite por su descanso.

Todos los meses venía el Corazón de Jesús, en su nicho o capillita de madera a visitarnos. Lo traían en la mañana temprano y al día siguiente, teníamos que pasarlo a otra casa. Antes, se le ponía su limosna en la alcancía.

Sanas costumbres que han desaparecido.

En La Guayra también teníamos un señor que tenía su taller para arreglar y remendar zapatos en su casa. El vivía en la Caja de Agua, con su familia y fue de mucha utilidad, pues en esa época no se podía estar comprando zapatos a cada rato. El señor Monzón ayudaba de esa manera a la familia guayreña.

Como los baños estaban lejos de los cuartos, en las mesas de noche, se guardaba el vaso de noche, para no salir del dormitorio.

Teníamos también una hamaca y un chinchorro. Se colgaban de dos alcayatas que había en todos los dormitorios, en las noches de gran calor. Mucha gente se lesionaba porque la alcayata cedía y se iba al suelo la persona que estaba acostada en él.

En La Guayra había pobres que pedían limosnas. Al tocar la puerta decían: "Una limosnita, por amor a Dios". Ya en la casa estaba preparada en la sala, una cajita con puyitas, para dárselas al que le tocaba ese día, porque había el pobre de los lunes, de los martes, etc.

Recuerdo a una cieguita muy humilde que venía a pedir desde Maiquetía. También visitaba las casas semanalmente el turco de la familia, personaje que vendía por cuotas, e iba cada ocho días a cobrar Bs. 2,00, suma irrisoria para hoy, pero no para esos tiempos de fronda y que desgraciadamente parece que quieren volver… y que vamos a pedirle a Dios que no vuelvan.

Hasta una canción sacaron al turco de esta historia y un pedacito de ella decía así:

"Ahí va, ahí va, la niña, ahí va,
con su turquito atrás".

Caracas, 2 de octubre de 1989.

Uveros en la Playa.

La Caja de Agua.

La Corporación del Puerto o La Casa de los Ingleses.

El Hotel Canadá.

La Plaza de Lourdes.

El Castillo de Punta de Mulatos.

Entierro por Las Dos Puertas.

El Paseo "24 de Julio".

VIDA EN LA GUAYRA VI

Amigos míos, hoy continuaré mis artículos sobre la vida en La Guayra, contándoles que en casi todas las casas de ese bello pueblo, se usaban mecedores especiales para el descanso y para mecer a los niños de la familia. En el corredor de nuestra casa existían dos bellos y cómodos ejemplares, que siempre se ofrecían a las personas que iban a visitarnos, como una deferencia. Unos eran de mimbre, otros de madera y esterilla. Entre éstos, estaban los vieneses. Los mecedores de nuestra casa eran de madera y esterilla y al romperse ésta por el uso, mi mamá los tejía y con ella lo aprendimos a hacer nosotras. Todavía conservo como recuerdo invalorable, el mecedor en que de niñas nos meció y durmió en brazos nuestra madre y que después sirvió para dormir a mis tres hijos. Un día, hablando con unas amigas les conté, que al montarme en un auto o en un autobús, al ratico, me dormía; una psicóloga que estaba presente me preguntó si me habrían mecido mucho cuando pequeña y cuando le contesté afirmativamente, me dijo que eso me había quedado grabado en el subconsciente y al sentirme mecida, me daba sueño. ¡Creo que es verdad!

En el corredor de las casas se usaba también la sombrerera, un mueble especial para colgar los sombreros, que todos los hombres usaban en esos días y también los paraguas. En nuestra casa siempre estaban allí colgados, una pajilla, un tirolés y una boina vasca que usaba mi padre. También una gorra de marino que usaba mi tío, y luego la de mi novio.

Entre los muebles que adornaban las salas de muchas casas había una alfombra, un sofá, dos poltronas, un tú y yo, mueble en donde en una época lejana se sentaban los novios; una cónsola con su espejo y al lado de éstas, dos mesitas de cuatro patas altas, donde se colocaban dos lámparas de briseras con lágrimas de cristal de Bacarat, las cuales también se usaban en la ocasión en que moría alguien de la familia, para alumbrar al lado del catafalco. En las paredes colgaban retratos de los abuelos y algunos cuadros con paisajes. En la mesita del centro, un florero y retraticos de los niños; también una cenicera. En un rincón, una columna de porcelana sostenía un gran búcaro con una bella planta de sombra o una bella palma enana, traída de Ciudad Bolívar. También en una columna, una bella figura de terracota o de porcelana. En muchas casas, en la pared detrás del sofá, mueble principal, una imagen del Sagrado Corazón de Jesús era entronizado. El sacerdote iba a la casa y en una sencilla ceremonia, al lado de familiares y amigos, lo bendecía, y quedaba para siempre en el lugar privilegiado. Dos repisitas a los lados, con flores, siempre lo adornaban. Bellas costumbres que se nos fueron, sin saber cómo, ni cuándo, un día que amaneció más temprano.

A cada lado del sofá, sendas escupideras de cobre o de loza, que la higiene y la civilización terminaron un día, para felicidad de todos, porque eran una verdadera calamidad.

Siempre en las puertas de la sala se usaban bellos y grandes caracoles, de esos que servían de guaruras, para que no se cerraran. Para adornar las ventanas y puertas se usaban las cortinas y encima de ellas, lindas marquesinas de madera, unas veces lisas y otras veces labradas y con ondas, que la embellecían. En algunas casas solían poner cortinas de Lágrimas de San Pedro, una semilla a las que se les abría un huequito y se ensartaban con un guaral. Para los niños era un encanto y las atravesábamos una y otra vez, hasta que nos regañaban, pues nos gustaba como sonaban, y la suavidad de su roce por la piel. Muchas hileras de estas semillas formaban la cortina.

En la sala, hacia la calle, una, dos o tres ventanas balaustradas, según el tamaño de la casa, siempre con sus bellas romanillas caladas, construidas de manera que desde adentro pudiéramos ver sin que nos vieran desde fuera. De cada lado de la ventana, sendos asientos de cemento, recubiertos con madera, a los cuales llamábamos "los pollos de la ventana". En estos pollos muchas veces se conversaba con el noviecito, que desde afuera hacía la visita, lo cual era por cierto, mal visto por los mayores, porque sabían que era objeto de crítica en el pueblo.

En otro artículo les contaré más sobre estas interesantes costumbres de la época que vivimos en La Guayra, mi tierra amada y nunca olvidada.

Caracas, 31 de noviembre de 1989.

VIDA EN LA GUAYRA VII

En las casas de La Guayra, durante mi adolescencia y juventud, existían varios abanicos; unos para el diario, sencillos, y otros elegantes para llevar al teatro Lamas, a la iglesia y a las visitas. Unos eran tejidos de paja, de varias formas y dibujos, hechos en Maracaibo. Otros, hechos de carey, de papel o de tela, con bellas pinturas. Estos tenían varillas de madera y eran plegables. Todavía conservo algunos de ellos.

En los dormitorios, además de la cama, sobre la cual en la pared pendía el santo de la devoción, que era sobre la de los niños, siempre un Ángel de la Guarda; estaba el aguamanil donde se colocaban la ponchera, la jabonera, la jarra, la cepillera y un paño de hilo fino, con puntas tejidas en hilo ocho, colgado en una varilla, a los lados.

En nuestra casa teníamos paños especiales para ofrecerle al médico cuando se lavaba las manos, después de examinar al enfermo.

En la mesita de noche, al lado de la cama, se colocaba una palmatoria con su vela y una caja de fósforos de madera, una estatua de Santa Teresita en mi casa, el misal, el rosario que se rezaba todos los días y una jarrita cubierta con un vaso con agua fresca, para tomar a media noche, si se necesitaba. Dentro de la mesa de noche, en su parte baja, el indispensable vaso de noche o bacinilla. A un lado de la cama, en el suelo, la alfombrita, encima de la cual se colocaban las pantuflas.

En esa época, las camas de madera tenían bellos copetes calados, artísticos, que después despreciamos por las camas lisas, sin ningún arte. También los tocadores y los escaparates tenían espejos y copetes finamente labrados.

Todo eso pasó a la historia, quedando para las chiveras. Después con los años esos objetos cogieron un valor incalculable y los anticuarios hicieron su agosto, con todo lo que se había despreciado por anticuado.

Bellas camas de cobre y de hierro se usaron mucho en esos tiempos. Las de cobre tenían que hacerse brillar todas las semanas y las de hierro eran pintadas.

En nuestra casa había un moisés de hierro que se mecía y tenía su mosquitero. También algunos eran de madera hechos para mecer al niño. Ya a los cinco meses no servía más el moisés y entonces el niño se acostaba en su cuna, pues era peligroso, ya que podía caerse de él.

Por las noches antes de acostarnos nuestra madre, apenas empezábamos a hablar, se sentaba a nuestro lado en la cama, nos hacía juntar las manos en actitud piadosa, para recitar la oración al Ángel de la Guarda, que decía: "Ángel de la Guarda, dulce compañía, no me desampares ni de noche ni de día, ni en mi última agonía". Luego nos enseñaba a pedir por nuestro padre, abuelos, hermanos, por toda nuestra familia y por el mundo entero. Después pedíamos la bendición, cruzando los brazos sobre el pecho.

Bellas costumbres que se arraigaron tanto en mí, que teniendo que irme a vivir al extranjero, de noche, antes de dormir, con el pensamiento pedía la bendición a mis padres y me dormía tranquila. Si por alguna casualidad me quedaba dormida sin hacerlo, me despertaba sobresaltada y entonces lo hacía y me sentía como se siente uno cuando ha cumplido con su deber, feliz.

Otro día les seguiré contando sobre otras cosas de nuestra inolvidable vida en La Guayra.

Caracas, 15 de diciembre de 1989.

VIDA EN LA GUAYRA VIII

Continuando la serie de artículos sobre este tema, les contaré que en los años treinta y pico en La Guayra, todavía las señoras tenían que salir con sus cabezas cubiertas por bellas andaluzas al estilo español, que se anudaban encima del pecho, donde colocaban un lindo prendedor. En la cabeza eran sujetas por peinetas u horquillas de carey. Recuerdo entre estas personas, a las señoritas Dupouy, a nuestra madre y a nuestra tía, quienes en las muy contadas veces que salían, las usaban; nunca lo hacían con la cabeza descubierta. En esa época y durante muchos años, todas las mujeres asistían a la iglesia con velos y mantillas, creo que fue el Papa Juan XXIII quien nos exoneró de esa obligación.

En esos años los lutos eran muy rigurosos. Para los padres duraban cuatro años y por los esposos, muchas veces toda la vida. Las viudas al salir usaban un sombrero de donde salía un velito que les cubría el rostro, guantes de cabritilla o de tela negros, medias del mismo color y en los primeros tiempos éstas, lo mismo que los vestidos, tenían que ser de algodón, nunca de seda. Las señoras que no tenían sombreros usaban pañolones negros para cubrirse la cabeza, el pecho y la espalda. La mujer siempre era la que llevaba el peso de los lutos. No podía ir a cines ni reuniones de ninguna clase. Tenía que enclaustrarse y por eso, muchas veces engordaban demasiado, debido a la vida sedentaria de la casa. ¡Qué de injusticias se han cometido en la vida en nombre de la sociedad y de los que inventaron esas cosas! Nuestra religión no nos impone esto, sólo nos pide que nos resignemos y nos conformemos con la voluntad de Dios, y nos dice que no dejemos que la desesperación nos domine. Los hombres en cambio, se ponían solamente una cinta negra más ancha en el sombrero, una cinta en la manga del paltó y también usaban corbata negra. Esto duraba poco y a ellos no se le criticaba si iban al cine o echaban una canita al aire. ¿Era el rey de la creación, o no?

En los entierros de La Guayra el sacerdote iba a la casa a rezarle las oraciones o responsos al difunto, si era casado, si era masón o vivía en concubinato, el muerto se iba sin oraciones. Luego los entierros eran llevados a la iglesia donde se les cantaba la liturgia mientras las campanas doblaban tristes para despedir al que se iba al otro mundo. Luego el entierro era llevado en brazos de amigos hasta el cementerio, o en un trencito llamado El Tigrito. A los pobres del hospital de San Juan de Dios, como lo dije en otra oportunidad, los llevaba cargado Camión, Guelefó y Sin Paltó. No se usaban carros fúnebres en nuestro puerto.

En La Guayra existían dos funerarias: la del señor Juan Guaita y su esposa Pragedes, de San Juan de Dios a la esquina del Pachano y la del señor Sebastián Bethencourt, en la calle Bolívar.

Los velorios en nuestro pueblo se celebraban en las casas, donde lo clásico era que la familia hiciera un consomé de gallina, un chocolate espeso, café solo y con leche, acompañado de galletas de soda y pedacitos de queso amarillo, para que la gente que se quedaba por la noche, se alimentara bien. A las señoras que se desesperaban con el dolor y que a veces se desmayaban, les daban gotas de valeriana, de un olor insoportable por cierto, o gotas del carmen, que eran muy buenas para los nervios. Alguna amiga dirigía los rosarios que se rezaban ese día y durante nueve días seguidos y llamábamos el novenario. Siempre durante el novenario se usaba dar un dulcito y café. El último día se rezaban tres rosarios y el de ánimas. Pero lo más importante era que eso distraía un poco a la familia, que tenía que atender a los que venían a la casa y así no se sentían tan solos.

Un sacerdote ecuatoriano nos dijo un día: "Los venezolanos tienen dos costumbres muy maravillosas, que no las tenemos en ningunos de nuestros pueblos suramericanos, ni en la misma España, que son: pedir la bendición con respeto a sus mayores y reunirse en los novenarios a rezar por la persona que se fue y a servir de un rato de compañía a sus familiares, precisamente en los momentos más críticos". También le dijo lo mismo a mi esposo, un ingeniero naval español que vivió en Venezuela unos años, a quien sus hijos, viendo que los niños venezolanos pedían la bendición a sus mayores, se acostumbraron a pedírsela a él. Más tarde les seguiré contando cosas de aquella época lejana.

Caracas, 17 de enero de 1990.

PEQUEÑO ZOOLÓGICO EN LA GUAYRA

En nuestra casa en La Guayra teníamos un zoológico en miniatura. Nuestros padres pensaban que los niños debían tener animalitos a quienes querer, acariciar, cuidar y también con quien jugar. Era por eso que siempre en casa había un perrito y un gato. Los perritos que tuvimos en diferentes épocas, se llamaron: Sultán, Palomo, Bijoux, Chispita, Topsy, Roosevelt. A éste le puse ese nombre, porque en mi mente de niña y en mi corazón, sentía una gran veneración por el Presidente de Estados Unidos, el señor Franklin Delano Roosevelt; y ¿quién mejor que mi perrito consentido, para bautizarlo así? Ambos eran algo muy importante para mí.

Los gatos de nuestra casa se llamaban: Paco, Pancho, Pepe; pero mucho más tarde tuvimos un gatito negro como la noche y lo pusimos Jazmín, por lo del contraste.

Teníamos una palomita domesticada, que cuando nos veía desayunando y únicamente en el desayuno, volaba a nuestra mesita en la cocina, y teníamos que ponerle un plato con queso y mantequilla, porque si no, iba a picar nuestra comida. El sabor del queso y la mantequilla le fascinaban. Viola, que así se llamaba, era muy inteligente y le encantaba la música. Cuando prendíamos el radio que estaba en el corredor y sonaba, ella volaba de donde estuviera, a nuestra biblioteca, que era alta y estaba en ese sitio y de ahí volaba nuevamente y se posaba encima del radio, que parecía una capillita y daba vueltas y vueltas al son de la tonada. A la pobre Viola nos la mató un gato vagabundo, de esos que andaban hambrientos por los tejados y volaban como pajaritos de tejado a tejado, atravesando nuestras angostas callecitas por las noches, en un santiamén. Lo mismo hicieron con nuestro Popó, un loro terrible, que no gustaba de los niños y a quien realmente respetábamos y teníamos que tratarlo de lejitos. Un día que mi hermana Ligia pasaba al lado de la baranda del balcón donde estaba posado, sin más ni más, le voló encima y se le guindó del labio inferior. Se supondrán ustedes cómo se pondría mi hermana, gritando y brincando con el loro guindando de su boca, sin atreverse a arrancárselo, hasta que la auxiliaron, y le dieron un regaño a Popó que se destornillaba de risa. Enseguida tuvieron que curarle a mi hermana su labio roto. Del señor Popó un día amanecieron las plumas solamente, los gatos, ya cebados, se lo comieron también. Pero nuestro gatito de los momentos, vivía con ellos como hermanitos y era incapaz de tal fechoría.

Teníamos un acure que se le llamaba Fifí y era bello, de pelo crespo; también un pico de plata que ya estaba calvo de lo viejito que era; unos canarios y una cardenalita que sacaban cría a menudo; unos periquitos criollos; una tortuga Terekay que duró veinticinco años en casa y que junto con unos pececitos rosados, vivían en el estanque del patio, y además, unos pececitos larvicidas que regalaba la Sanidad para que se comieran las larvas, y estaban en una tina de la cocina. Todos ellos formaban el pequeño mundo de nuestra familia animal.

Para completar el zoológico, en nuestro hogar existían setenta gallinas que vivían durante el día en el río Osorio, que pasaba por detrás de nuestra casa, situada de Dos Puertas a Cruz Verde, Nº 35. Les habían construido un tinglado con listones de madera y un par de vientos con alambre, para sujetarlo del balcón. El tinglado quedaba en el aire y ahí se posaban las gallinas por las noches. En realidad, nuestras gallinas domesticadas también eran un espectáculo, un show continuado. Naturales y turistas, desde la esquina de El Caracol, contemplaban el escenario y muchos tomaban películas y fotos. A las siete de la mañana, las gallinas volaban al río, donde esperaban ansiosas que, desde el balcón de la casa les echara el maíz. Desde el tinglado, colgaba una escalerita movediza, que se subía y se bajaba y llegaba al río. A las cinco de la tarde, bajaban la escalera, soltando el mecate que la sujetaba arriba y enseguida, todas las gallinas se colocaban en formación para subir, escalón por escalón, hasta posarse en el tinglado. En mi casa examinaban si las gallinas iban a poner y al empezar a decir clo, clo, en el río, bajaban la escalera y las gallinas ponedoras, subían a los nidales que estaban en la casa, no ponían en el río. Cuando había pollitos recién nacidos se bajaban desde el balcón en un canasto halado por un mecate y la madre bajaba con ellos. En la tarde, se echaba nuevamente el canasto al río y se montaba la gallina con sus pollitos, luego se halaba el mecate y se subía la cesta con su preciosa carga.

Así que, en nuestra casa siempre comíamos huevos fresquesitos y nunca tuvieron que comprar pollos para cocinar. Éramos trece personas en la familia y esto era un gran alivio para los gastos del hogar.

Creo que ha llegado nuevamente el tiempo en que todos los que tienen espacio en sus casas, aprovechen la oportunidad para criar sus gallinas y tener así pollos y huevitos frescos, como tuvimos nosotros en nuestra infancia, en La Guayra.

Caracas, 17 de septiembre de 1989.

MUJERES LUCHADORAS DE LA GUAYRA

En un foro costumbrista que hicimos en La Guayra hace varios años, coincidiendo con el día de la Mujer, hablé sobre la mujer guayreña, refiriéndome a ella como madre, hija y esposa, y como luchadora distinguida en varias profesiones en la vida.

En nuestra juventud la mujer estaba muy sometida a sus antiguas costumbres que cumplía a cabalidad en su hogar, en el seno de la familia, haciendo muchas veces un papel de heroína al lado del esposo, para criar y educar a sus hijos; aunque casi siempre eran ayudadas por otras mujeres abnegadas que trabajaban en su casa, que eran apreciadas como un miembro más del hogar, porque eran buenas, trabajadoras, honradas y querían de verdad a toda la familia, llegando al extremo de que cayendo ésta en mala situación, desistían de su pequeñísimo sueldo y hasta ponían sanes, y bordaban para ayudar al sustento de la casa. A esas mujeres también tenemos que honrarlas.

Hacia los años 30, siguiendo el ejemplo de Caracas, algunas señoritas de La Guayra se decidieron a trabajar en el comercio. Pioneras de esto fueron: la señorita Ana Mercedes Cruces y Carmen María Bello, quienes trabajaron en la Compañía de Luz Eléctrica de La Guayra, frente al paseo 24 de Julio. También muchas señoritas se emplearon en la compañía de teléfonos, en la calle de El León, entre ellas, Adriana Casañas, Panchita Machado, Josefina Liendo, la señora Caldera. Más tarde, la señorita Consuelo Carvallo. Directora de esta oficina era la señora Adela de Alvarado.

En La Guayra, muchas de sus mujeres se dedicaron a la docencia. En los primeros años de 1900, la señorita Elina Marins, Carmelita Fernández y las hermanas Machoro y después de 1930 hasta 1940 y tantos, Andrea Echarres, Luisa y María Teresa Bigott, Lourdes Pérez, Inés y Carmen Badillo, Eloína Solís, Rosa Arias, Bertha Hidalgo S., Carmen Monasterios, Ligia Egui, Carlota Landaeta, Leonor Moncada, Angelita Mercader, Misia Elisa Crespo de Alas, Graciela Alas y las hermanas Marie Alfred, Jacinta, Luisa Teresa y Susana. Todas estas educadoras se esmeraban en enseñar bien y además de eficientes, fueron muy abnegadas, ya que en esa época, en general, eran muy mal remuneradas. Más tarde otras maestras fueron: María Teresa Domínguez M., Teresita Gómez E., Ana Margarita Miranda, Emma Corrales, Irma Guédez y Sonia T. Adrián Ramos, quien fue directora del jardín de infancia Miramar de Macuto, directora del Centro pre-escolar del Oeste del Ministerio de Educación y supervisora del Ministerio de Educación. Todas ellas muy recordadas por los que vivimos en La Guayra de esos años.

La Guayra ha tenido dos trabajadoras sociales distinguidas: La señora Albertina Henríquez de Luchessi y la señora Ana Esther Gouverneur, quienes fueron pioneras de esa organización en Venezuela y cumplieron un trabajo efectivo y abnegado durante la inundación de 1951, en el Litoral.

Las leyes también han tenido sus mujeres representantes en el puerto. La señora Yolanda Mustiola, fallecida hace muy poco tiempo, (q.e.p.d.) y Adelita Alvarado de Yanes, quienes han desempeñado cargos muy representativos en su profesión.

Las ciencias están representadas por la profesora Estrella Benaím de Bello, bióloga, fundadora y directora del Cenamec, profesora de zoología del Instituto Pedagógico de Caracas, miembro del Consejo Nacional de Educación, participó en el Congreso Nacional de Educación, y autora de un libro de biología para 4° y 5° año. La señora Neyda Mora de León, psicóloga, maestra en el jardín de infancia Miramar durante muchos años. Gisela Marín de Gutick, odontóloga infantil.

En la carrera de Enfermería, enfermeras como: América Machado, Luz Machado, María Antonia Campos, Gloria Galdona, Aura Teresa Esté, quienes estudiaron en el hospital de Niños y en la Cruz Roja en Caracas, de donde salieron a trabajar en su humanitaria labor habiendo sido muy distinguidas en ella. Carmen Obdulia Romero también fue enfermera y trabajó en el hospital anti-tuberculoso José Gregorio Hernández y su hermana Josefina Romero, fue laboratorista de El Algodonal por mucho tiempo. Ambas muy especializadas en su trabajo.

En La Guayra ha habido también buenas secretarias, oficinistas y administradoras. Entre estas: la señora Olga Mora, secretaria de la aduana vieja; Crista Guevara, en Taurel y Cía.; Thalía Naranjo en el correo; Olga Carvallo, Olga Martínez; Irma Gómez E., secretaria bilingüe; Irma Blanco H., secretaria, administradora, contabilista; Ligia Blanco H., secretaria y contabilista; Nieves Elena Blanco H., secretaria en la Standard Oil Co., Juanita Sicerine, secretaria durante muchos años de la junta Departamental y después, de la J.A. del municipio Vargas, persona especial, atenta y servicial, se gana el cariño de todos; la señora Raisa Muñoz, secretaria de ambas partes, por mucho tiempo; la doctora Magaly Bozo, abogado, competente profesional, fue la única mujer presidente de la junta Glorias a Vargas; la eficiente Mabelia Liendo, todas entusiastas colaboradoras en y por el trabajo del municipio Vargas. A ellas debemos agradecimiento.

La Guayra tuvo modistas de alta costura, como las hermanas Pérez Felipe, María y Rafaela Pérez y la señorita María Toledo, su prima; las hermanas Castro, Andrea Egui, Camila Casile de Daal, Angelita Escudero de Gómez, Zózima Henríquez de Blanco, todas de mucha fama y experiencia. La señorita Néstar Torres Purroy, una artista en el bordado a máquina, la señorita María Ramos, quien hacía bellos bordados a mano, y la señora Lesbia Calderón, destacada modista de los últimos tiempos.

Tenemos que recordar entre las guayreñas que se distinguieron a la señorita Carola Brewer, quien fue catequista durante muchos años preparando niños para la primera comunión, tanto en la iglesia de San Juan de Dios, como en la ermita del Carmen, sin interés alguno y quien junto con la señorita Carlotica Rivodó, la señora Pura de Elías, Albertina H. de Pérez, las hermanas Moreau Monteverde, Carmen, Hercilia e Irma; las hermanas Landaetica, llamadas así cariñosamente, fueron personas que ayudaron a los diferentes párrocos, en labores propias de la iglesia. Lo mismo hicieron después, las Calderón, Rufinita y Lesbia.

Tiene La Guayra el orgullo de haber dado dos de sus mejores jóvenes mujeres a la iglesia: Elba Elías Pérez, quien es monja en la congregación de las Siervas del Santísimo, donde lleva el nombre de "hermana María del Carmen"; y Lucia Brewer, monja de la congregación de San José de Tarbes, donde lleva el nombre de "sor María Elena". Ellas son otras dignas guayreñas.

En nuestra tierra también han existido varias cantantes, entre ellas, la señorita Carmen Liendo, solista del coro del maestro Vicente Emilio Sojo, cantaba en la catedral de Caracas y en la Santa Capilla. Su voz era muy bonita. Rosarito Bethencourt, cantante y solista, organista, en las iglesias de La Guayra; Carmen Marina Ortega, de una bellísima voz, era solista de nuestro coro, en el San José de Tarbes y también en ambas iglesias; Lucia Brewer, solista en el coro de nuestro colegio, de una finísima y segura voz; Luisa Amelia Palacios, Josefina Fonseca e Irene Leandro M., todas de muy bellas voces. Misia Amelia Brambilla, organista y cantante en la iglesia guayreña y después en Maiquetía, también daba clases de piano.

También ha habido escritoras y periodistas en La Guayra, entre ellas, la señorita Otilia López Díaz, quien dirigía y fue fundadora de la revista Progreso y Cultura, en Caracas y la señora Nieves Elena B. de Rivero, quien ha tratado de escribir, llevada de su amor al terruño, crónicas y vivencias de su infancia y juventud en La Guayra, dando a conocer así, buena parte de la vida contemporánea de ese histórico pueblo. Ha publicado sus artículos en el periódico El Universal, de Caracas; el diario Puerto de La Guayra; en el periódico Órbita; en la revista La Caracola; en el periódico El Litoralense; en la revista Actividad Aduanera; y en la revista La Guayra Cuatricentenaria. En su afán de dar a conocer La Guayra, ha dado conferencias sobre su historia, en "OFIDIRE", Asociación de Oficiales Retirados, en Caracas, en 1985; en el liceo "Narciso Conell" de Catia La Mar, en 1989 y en la Universidad Simón Bolívar, "Núcleo del Litoral", en 1990. Oradora de Orden para conmemorar la muerte de don José María España, el 8 de mayo de 1991 en la Casa Guipuzcoana.

La Guayra, con su belleza señorial y sencilla a la vez evocadora del pasado que fue y digna mil veces de que se conserven sus estampas en los lienzos, ha dado varias pintoras, siendo ellas: la señorita Lalita Daal, quien pintaba y pirogrababa también; la señora Ana Esther Gouverneor; doña Irma Moreau de López: la señora Carmen Teresa Guaita, maiquetieña que se crió en La Guayra; Ligia Blanco Henríquez y Nieves Elena Blanco Henríquez. Unas se han dedicado a pintar todos los rinconcitos de su pueblo, otras no; pero todas tratan de hacer lo mejor que pueden para honrar la tierra que las vio nacer. Gracias a todas las que antes, como las que aquí he nombrado y las que habrá nuevas, que no conozco, han trabajado por enaltecer su terruño.

Hay cinco mujeres de La Guayra a quienes deseo también honrar hoy desde este artículo. La señora Isabel Romero, la cual vivía frente al camino de los españoles en La Pólvora. Era madre de 12 hijos a quienes crío con su trabajo honrado, sin tregua, sin desfallecer y con fuerza, al lado de su esposo, Diego. Tenia yo quince años cuando fui madrina de su matrimonio. La queríamos mucho en mi casa. Nos contaba cuentos preciosos y cómicos; le gustaba hacernos reír, tenía chispa para decir las cosas. Ha tenido una vida larga, hoy tiene 110 años, muy bien cumplidos, al lado de su hijo menor, Enrique, su nuera y sus nietos, quienes la cuidan con amor. ¡Benditos los hijos que no abandonan a sus padres!

La señora Sixta Iriarte, madre de cinco hijos a quienes crió con amor y buenos ejemplos. Con su trabajo ayudó a varias familias de La Guayra, quienes la recordamos con cariño. Desde su linda y campestre casita más arriba de La Pólvora, al lado también del camino de los españoles, podíamos contemplar el bello panorama que la rodeaba: allá lejos la torre de la ermita del Carmen, las bellas casitas en los cerros y al fondo, el mar, nuestro precioso mar. Nos sacaba del éxtasis que producía en nosotros el paisaje, dándonos unas sabrosas empanaditas. Sixta hacía un dulce de limón delicioso y fino, inolvidable. Con el obsequiábamos a nuestro médico y a nuestras maestras, en los días especiales. Hoy tendría 101 años; murió de 85 años, (q.e.p.d.).

La señora Victoria Romero, viejita encantadora, que trabajaba todavía para ayudar en su casa y para las familias que la necesitaban. Vestía siempre de largo y sus pañuelos en la cabeza. Nos distraía contándonos cuentos de su infancia. Hablaba como la gente de la costa. Murió sin montarse en un autobús, porque le tenía miedo, pánico. Iba de La Guayra a visitarnos a la casa donde vivíamos, frente a la plaza del Tamarindo, en Maiquetía, a pie. A Macuto también iba caminando. No conoció Caracas por lo mismo.

La señorita Ana Fortis, quien cuidó a mi hermana Irma, como una buena madre cuida a su hija. Durante 16 años nos ayudó a crecer y con nosotros vivió hasta el día de su muerte, que tanto sentimos.

La señora Juana Ramos, nuestra abuelita querida. Vino a vivir en la casa de mis abuelos maternos, apenas llegaron de España y para nosotros, fue la abuela que no tuvimos, porque nuestras verdaderas abuelas habían muerto cuando nacimos. Nos cargó mientras nos bautizaban y eso para ella era algo muy grande. Era tan buena e inocente como una niña. Le pedíamos la bendición y la tratábamos con respeto y amor, hasta su muerte. Fue fiel y buena con todos nosotros y por eso la quisimos tanto y no podía dejar de nombrarla. De las almas como ella, debe estar lleno el reino de Dios.

Caracas, 4 de octubre de 1989.

HOMBRES RELEVANTES DE LA GUAYRA

En todos los pueblos hay personas que se distinguen, se salen del común y hoy voy a hablarles de los hombres distinguidos de La Guayra, empezando por Pedro J. Linares, guayreño por excelencia, amante de su tierra y de su gente, conocedor de su historia, cronista natural de la ciudad, que siempre escribió sobre el terruño con propiedad. Fue admirador del doctor José M. Vargas, del señor Rafael Arévalo González y del señor Castro Fulgencio López, autor del libro La Guayra, Causa y Matriz de la Independencia Ibero-Americana, a quien ayudó, facilitándole muchos datos importantes del acontecer guayreño.

Sus hijos deben atesorar con celo los originales de sus sentidos artículos publicados en el periódico El Universal, del que era corresponsal y también en los del puerto. El decía que La Guayra era un emporio de riquezas, no descubierto por ninguno de nuestros gobernantes de turno. Fue un hombre íntegro, trabajador, padre, esposo y amigo ejemplar, de vida recta y sencilla. Honró la tierra que lo vio nacer.

Don Tadeo Ortega F., otro personaje de La Guayra, barítono que cantaba en la iglesia de San Juan de Dios a dúo con su hija Carmen Marina, en las grandes ocasiones. Era dueño de la casa "Tadeo Ortega y Cía.", donde con sus hijos trabajó hasta su enfermedad y muerte.

El señor Jacinto Egui, escritor y poeta de fina inspiración, dejó para La Guayra abundantes escritos que publicó en los diferentes periódicos del terruño, entre ellos, Azul, del señor Elías Pérez Sosa. En el libro La Guayra, de Casto F. López, publicó una poesía dedicada a la triste vida del barrio de Muchinga. Escribió varios libros de poemas y editó varios periódicos, como: Germinal, Litoral, Claridad, etc. Fue un abnegado padre de doce hijos. Tenía una filosofía muy particular sobre la vida. El mismo se denominaba "libre pensador". Desempeñó a la muerte de Gómez la secretaria de la prefectura, siendo prefecto el señor Francisco De Giullio Sánchez, y lo hizo muy bien.

El señor Salvador Badillo padre, comerciante, empleado de don Celedonio Pérez. Sin ser abogado, sabía mucho de leyes y siempre era consultado en esos menesteres. Todos sus hijos han sido muy apreciados en La Guayra.

Don Emilio Gimón Sterling, quien aunque era curazoleño, quiso y vivió muchos años en La Guayra. Fue profesor y escribió interesantes artículos en periódicos del lugar. Daba clases de inglés; entre sus discípulos, mi madre fue una de ellas. Nos visitaba todos los martes por las noches y nos daba ejercicios de matemáticas. Fue muy apreciado por los guayreños.

Fabio Bocanegra, escritor y crítico consciente. Fundó El Ribereño y escribió en toda la prensa del Litoral. Fue excelente trabajador y padre de familia ejemplar.

Elías Ramón Giral, comerciante y poeta. "La Marsellesa" fue una de sus bellas poesías.

Crisanto Marqfoy, tenor de muy bella voz, que nos deleitaba y hacía elevar nuestro espíritu cuando cantaba nuestro bello "Popule Meus" en las fiestas del Santo Cristo de la Salud, con el torrente de voz que tenía. Pudimos oírlo en el teatro Lamas cantando trozos de zarzuelas, entre ellas, "La leyenda del beso" y lo hacía en forma magistral. Fue un magnífico hijo, para La Guayra y para su madre.

El coronel Gabriel Elster, valiente guayreño que tuvo una actuación muy digna cuando el bloqueo y durante la explosión de El Vigía. Lo recordamos con respeto.

El señor Rafael Martínez Salas, estudioso de la historia de La Guayra, autor de varios libros del terruño, escritos en la prensa; cronista de la ciudad, hombre de bien, muy recordado por todos.

El señor Erasmo Pérez, fue periodista y escritor de novelas.

Elías Pérez Sosa, escritor e investigador. Fundó el periódico "Azul", que tuvo mucha aceptación. Hizo dos ediciones especiales para rememorar la muerte de don Celedonio Pérez F. Escribió entre algunos libros, "La Casa de Vargas".

Carlos Navarro Giral, periodista, escritor. Editó el periódico "El Esfuerzo" de grato recuerdo para los que lo leímos. En esos días, el señor Alberto Ravell tenía una campaña para conseguir el mejoramiento del Leprocomio y Carlos Navarro Giral le prestó la colaboración de su periódico, para tal fin. El señor Romeo Vilardebo, intelectual que se encontraba enfermo en dicho hospital, desde su silla de ruedas, escribió artículos sobre el acontecer y las necesidades de los enfermos del Leprocomio, que motivaron a todas las personas que los leían, inclusive al gobierno. El doctor Jacinto Convit, que siempre había luchado por los enfermos de ese mal, era médico en ese lugar. Gracias a Carlos Navarro Giral por la loable labor que desarrolló en su periódico guayreño.

El señor Ventura Gómez, guayreño luchador en la radio y en los periódicos de La Guayra. Gran deportista, fue uno de los abanderados en pedir la autonomía municipal. Siente gran cariño por las sociedades benéficas de La Guayra, "Vínculo de Caridad" y "Mutuo Auxilio". Desde su tipografía, combina su trabajo, con el deporte, la política y el periodismo. Es un guayreño de primera.

Carlos Penso Cruces, Guillermo Penso y Virgilio Penso, quienes desde la oficina de su padre, Ramón Penso, contribuyeron en el quehacer del puerto, facilitando el trabajo y la experiencia a muchos guayreños.

Yayo Bosque, fue muy apreciado en La Guayra por su don de gente y por su dedicación a La Guayra, tomando participación tanto en la junta Glorias a Vargas, como en la junta conmemorativa de la Fundación de La Guayra, al lado de muchos guayreños.

Don Ciro Caballero, hombre honrado y trabajador, revolucionario y amante de su tierra y de su gente. Era muy apreciado en nuestro puerto, y es recordado con cariño.

Juan Manuel Álvarez, profesional de la radiodifusión. Fue premiada su honrosa trayectoria con la condecoración "Diego de Osorio" en su Primera Clase, el 29 de junio del año en que cumplió La Guayra, su pueblo, 397 años de fundada.

Salvador Badillo G. y Cesar Almaral jóvenes revolucionarios hacían y repartían propaganda anti-gomecista en las casas de comercio de La Guayra, en los días aciagos de la dictadura de Gómez. En voz baja y tranquilos, cumplían su trabajo a cabalidad. Honor a ambos.

El doctor Rosendo Gómez Peraza padre, médico de La Guayra y su hijo, el odontólogo Rosendo Gómez Peraza, ejercieron con amor y dignidad sus profesiones y por eso se les recuerda con cariño.

El señor Heriberto Guédez, trabajador y padre de familia insigne, fue muy apreciado en su tierra, donde dejó muchos amigos que lo recuerdan bien.

Vicentico González Mora, joven que se distinguió en La Guayra por su calidad humana, trabajó en el comercio y formó una familia honorable.

Jesús Guillermo y Federico Gómez Escudero, quienes con su trabajo tenaz y disciplinado, desde muy jovencitos, llegaron a altas posiciones en Taurel y Cía., donde han podido ayudar a muchos guayreños, proporcionándoles trabajo. Gracias a ellos.

El capitán de fragata Remigio Elías Pérez, ingeniero naval y presidente del Banco Provincial desde hace muchos años, hombre trabajador, correcto y buen amigo. Honor a quien honor merece.

El señor Calixto Landaeta D., formado en el trabajo del comercio guayreño desde muy joven, alcanzando muchos logros en su vida. Buen hijo, buen hermano y padre de familia ejemplar. La Guayra se lo agradece.

El señor Sebastián Artíles, abogado muy distinguido de La Guayra. La trayectoria de su vida le acredita su gentilicio.

El contralmirante Juan Torrealba Morales, con su amor por el mar, fue uno de los primeros grumetes de la Escuela Naval, y llegó a ser comandante de la marina. Honor al mérito.

Reynaldo Leandro Mora, maestro, abogado, político luchador durante la dictadura del general Pérez Jiménez. Ha sido ministro de Educación, ministro del Interior y presidente del Congreso Nacional. Durante su vida política ha tratado de ser ecuánime, conciliador y esa conducta le ha hecho merecer el respeto de todos, compañeros y adversarios. Durante el gobierno el doctor Leoni, contribuyó para que arreglaran la calle de El León y La Pólvora, desde el puesto que desempeñaba.

Francisco Elías Pérez, médico de la marina, y ejemplar padre de familia. Murió muy joven (q.e.p.d.).

Salvador Pérez Borras, médico y político. Sufrió las angustias que ésta le proporcionó y murió joven cuando más se necesitaba su vida. Fue muy apreciado y los guayreños le recordamos con cariño. ¡Que descanse en paz!

El general Mario Fajardo, hombre apreciado de la Guardia Nacional, correcto y amante padre de familia.

Gustavo Carvallo, luchador, trabajador, ha contribuido mucho con las juntas cívicas de La Guayra y con la Iglesia. Un reconocimiento para Gustavo.

Los señores Héctor, Enrique y Tadeito Ortega, distinguidos guayreños, comerciantes, han ayudado mucho a las diferentes juntas cívicas del terruño, siendo muy apreciados por eso.

El señor Carlos Alberto Domínguez Rivodó, escritor y poeta.

El señor Oscar Domínguez Rivodó, comerciante apreciado en La Guayra, ambos pertenecientes a una familia muy honorable del puerto. El señor Alberto De Veer, guayreño amante y preocupado por su lar nativo, autor de un bello, interesante e importante libro sobre La Guayra, que todo guayreño debería leer.

El señor Sebastián Bethencourt hijo, correcto comerciante guayreño. El doctor Benjamin Chávez, distinguido médico del lugar.

El señor Oscar Daal C., periodista. Escribe en periódicos y revistas del Litoral, desde hace años. Aunque no he tenido el placer de leerlos todos, los que he leído, han sido crónicas amenas de nuestra Guayra.

El señor Fernando Vázquez Moreno, invidente de nacimiento, pero que tocaba órgano y cantaba con el entusiasmo suficiente para motivar a todos los que le oían. En las fiestas de la Virgen de la Soledad, comunicaba a los presentes el amor que sentía por esta celebración, cantando y ejecutando las canciones litúrgicas con gran devoción. ¡Que descanse en paz!

El señor Arístides Moreau Meyer, empezó desde muy joven a trabajar en la casa de comercio de su padre, donde continuó hasta su muerte. Su vida fue digna y merece el recuerdo de todos.

Los señores Guillermo García, Reneé Blanco Toro, Jesús Vicente González M., Francisco José Guédez E., Hugo Guédez E., Adolfo Bocanegra S., Enrique Chávez, todos comerciantes y empresarios destacados que han honrado a La Guayra.

El señor José Manuel Gosling, comerciante, que desde muy temprana edad se dedicó a trabajar en esa profesión.

El señor Freddy Bravo, quien desde su cargo de relaciones públicas en la Guipuzcoana, ha ayudado a la lucha en La Guayra.

El señor Luis Pérez, quien desde su adolescencia se dedicó al trabajo en diferentes áreas del comercio y levantó con él a una bella familia, y goza del aprecio de todos los guayreños. Honor a nuestro amigo Pérez.

El señor Jesús Alberto Vargas, para los guayreños Varguita, es profesor y director de un instituto de comercio muy útil para La Guayra y el Litoral. Además, es un practicante del cristianismo en su mejor acepción y por ese motivo se ha ganado el cariño de la gente de su pueblo.

El señor Luis Santana, músico, compositor, aviador. Es autor de las bellas canciones, Juanita y Reverón, Remembranzas y muchas otras piezas musicales dedicadas al Litoral.

Quiero dignificar aquí a todos los de La Guayra de antier, de ayer y de hoy, que se lo merecen, más a los que por omisión no he nombrado y les doy mis excusas.

Caracas, 15 de julio de 1989.

Capitán de Fragata Remigio Elías Pérez,
Presidente del Banco Provincial de Venezuela.

Dr. Jaime Barrios, Alcalde de La Guayra.

Panorámica desde el Cable Francés.

El Puerto de La Guayra.

La Casa de las Badillo.

Bajando por Las Trincheras.

Almendrón en la Caja de Agua.

El Café de la Estación.

Casa de las De Veer en el Caracol.

PERSONAS QUE TAMBIÉN SON GUAYREÑAS

Voy a hablarles de varias personas que no habiendo nacido en La Guayra (y no me parece bien quitarles el gentilicio de su lar nativo), se sienten guayreños y son guayreños como el que más, en el corazón de los que queremos La Guayra y han dado ejemplo de fidelidad filial a muchos que, siendo del lugar, ni se acuerdan de que ese bello terruño existe y pasan raudos hacia Macuto y solamente la ven de reojos, desde la autopista.

Los señores Celedonio Pérez F., Remigio Elías G., Vicente Blanco C., Domingo del Rosario y quién sabe cuantos más que siendo de otros países, quisieron a La Guayra como su tierra y por ella y en ella trabajaron con tesón y honradez.

El señor Manuel Miranda, quien habiendo nacido en Macuto, se crió y creció en La Guayra, siendo otro guayreño más entre los nativos. Ha trabajado desde su juventud en las empresas Blohm, donde ha demostrado profesionalidad en los deberes que le han encomendado. Buen ciudadano, ha cumplido con su familia y sus amigos y ha honrado a La Guayra, de esa manera, amándola. Honor a Manuel.

El señor Carlos González F., quien siendo oriental adoptó a La Guayra como su terruño y ha luchado para mantener en alto el nombre de ese pueblo, desde la junta Glorias a Vargas y la junta conmemorativa de la Fundación de La Guayra; en su negocio particular procurando empleo a los guayreños y como presidente de la J. A. del municipio Vargas. Honor al señor González.

El señor Víctor Pérez Orta es margariteño, pero para nosotros es también guayreño. Fue prefecto del departamento Vargas y cónsul en Houston, en donde hizo muy buena labor, ayudando a los enfermos del corazón que iban a tratarse en Estados Unidos. En La Guayra tuvo una encomiable conducta.

Héctor Pérez De la Rosa, abogado y fino artista que pinta La Guayra y con su profesión y su arte le da brillo al gentilicio guayreño. Nuestro reconocimiento.

El doctor Luis Enrique González, maiquetieño de nacimiento, pero que se ha desvelado por estudiar y divulgar la historia de La Guayra y la pinta, pues también es pintor. Es otro guayreño que apreciamos y queremos. Además es odontólogo. Como cronista, lo hizo muy bien y debemos agradecérselo siempre. Sus libros son una enseñanza. Deberían ser usados en las escuelas de La Guayra.

El doctor Pedro Mejías Rodríguez, quien ejerció la medicina desde su casa, de Marino a la Consolación, frente a el callejón de Las Dupouy. Tomaba por las tardes el fresco desde el bello balcón que adornaba el frente de su vivienda. Estaba especializado en consultar enfermedades propias de los hombres, pero una vez trató a nuestra madre de una pleuresía que padecía; me enseñó, apenas yo tenía 14 años, a ponerle los vejigatorios que se usaban para sacar el agua de los pulmones y después a cortarle las ampollas que se formaban y luego, auxiliados con las medicinas que existían en aquella época, la salvó. Gracias al doctor Mejías. Era margariteño, pero fue un guayreño más, admirado y querido por el pueblo.

Don Mathías Brewer, cónsul inglés por muchos años en La Guayra. Era natural de Saint Thomas, un hombre austero, serio, disciplinado y muy activo militante católico. Casado con una venezolana, educó a sus seis hijos en su misma línea de conducta, siendo su hija menor, Lucia, monja en la congregación de San José de Tarbes.

El señor Domingo del Rosario hijo, concejal por La Guayra, gran amigo de esta tierra.

El señor Miguel Ángel Salazar, maiquetieño y guayreño a la vez, quien trabajó siempre en el comercio de La Guayra, y nos dejó el recuerdo de sus bellas pinturas y de su vida recta y luchadora. Fue ejemplar padre y esposo abnegado.

El doctor Luis Oscar Martínez es odontólogo, también se ha distinguido en La Guayra. Es el nuevo cronista.

El doctor Julio Quintero, abogado quien se ha preocupado por La Guayra, habiendo adquirido y arreglado la casa de don José María España, en unión del señor Héctor Ortega. Esa casa podría algún día usarse como pequeño museo del terruño. Gracias.

El periodista Humberto Gómez, director de la bella revista "Caracol" y propulsor de los bellos "Cafés Literarios" en el Litoral.

El doctor Eudoro Olivares Carías a quien todavía recordamos los guayreños y a su hijo Gustavo Olivares, quien está en el corazón de los hijos de esta tierra.

El doctor Elio Gómez Grillo, abogado distinguido. Maiquetieño de corazón y por añadidura guayreño. Gracias al doctor Gómez Grillo por su amor a estas tierras.

El señor Rigoberto Burgos y el joven Juan Carlos Perozo quienes han trabajado para resaltar el valor de La Guayra.

El señor Jorge David Barcons, periodista, hijo de españoles y nacido en Macuto; pero que también es guayreño de corazón.

El señor Luis Pinto Pérez, periodista, director del antiguo periódico Prensa Guayreña y actual jefe de prensa en la J.A.M.V.

El señor Santos Rojas, director del "Diario Puerto" y concejal del municipio Vargas quien con su periódico ha demostrado el valor del trabajo.

El señor Carlos Eduardo Misle, Caremis, quien vivió en La Guayra, es su fervoroso admirador y es un hombre que se ha distinguido a través de su vida.

El concejal Pedro José Gómez Pinto, quien con su tesón ha hecho que el nombre de La Guayra vibre en el corazón de las gentes al leer la revista para el Cuatricentenario, que tanto él, como el licenciado Rubén Contreras, se esforzaron y esmeraron en publicar. Gracias a ellos. Luis Henríquez Ferrás, inteligente y con chispa. Sus glosas, traviesas, siempre dan en el clavo, son certeras y graciosas y también nos hacen pensar, recapacitar y sonreír. Adelante Luis, adelante, no vaciles, escribe a menudo, que vale la pena. Por tus glosas, mereces ser guayreño.

El señor Billo Frómeta quien fue autor de la bella canción "Callecitas de La Guayra". Por ello obtuvo la condecoración Diego de Osorio y quedó grabado en el corazón de los guayreños.

Entre tantos hombres y al lado de ellos, debo incluir a la señora Carmen Cecilia Nahmens, maestra, psicóloga, ha sido directora general de educación. Es una mujer valiosa del Litoral y pertenece a una familia muy apreciada de La Guayra.

También deseo nombrar entre las guayreñas distinguidas a la señora Aurora Magún, profesora de literatura de la Universidad Simón Bolívar, quien es una enamorada de La Guayra y a quien le hubiera gustado nacer en ella. En los actuales momentos está escribiendo un libro que será muy importante para todos los que amamos La Guayra y deseamos y estamos ávidos de conocer su historia.

No quiero cerrar mi artículo sin que en mi lista aparezca, entre las personas que merecen ser guayreños, el doctor Diego Arria S., un gobernador especial, ejecutivo, que conoce de turismo, que quiso e hizo en corto tiempo, "en el poco tiempo que le dejaron", mucho por La Guayra. A él le debemos la reconstrucción de la Casa Guipuzcoana, que había sido irreverentemente descuidada por muchos años; el arreglo de la ermita del Carmen y del castillo de San Carlos; la limpieza y la profundización del cauce del río Osorio, que estaba convertido en una cloaca inmunda; pude observar en tres oportunidades, pintar todas las casas de La Guayra y sus cementerios; hizo el muro que dividió la avenida Soublette de los muelles y que tuvo que hacerlo, para quitar la valla de alambre que irrespetaban los maleantes; utilizó los servicios del pintor Carlos Cruz Diez, quien con su bello y estilizado arte pudo disimular a la vista de los que pasan cerca, los horribles silos que desbarataron nuestro paisaje marino frente a La Guayra; y empezó a rellenar la playa a orillas del mar, frente al Cardonal, para construir nuestro paseo "24 de Julio", que todavía continua durmiendo el sueño eterno de la desidia. Mandó a reconstruir la muralla de piedras que va de las Trincheras al Viento. Acondicionó con muebles apropiados la casa de don José María España en San Francisco, donde estableció su despacho y luego hizo lo mismo con la Casa Guipuzcoana. Construyó el balneario de Camurí Chico y no estoy segura si el de playa de Los Ángeles, también; en fin, que él conocía exactamente lo que valía La Guayra y por eso quiso despachar desde ella, semanalmente, para que la gente comprendiera la importancia de esa hermosa ciudad colonial para el turismo y para el país. Honor para el doctor Diego Arria S., quien siempre estará en el corazón de los guayreños que somos agradecidos y conocimos de su obra buena.

Así es que La Guayra tiene en su haber muchos hijos de otras madres, pero a quienes quiere como si fueran de sus entrañas. Honor a esos guayreños y a todos los que, sintiéndose también guayreños y mereciéndolo, hoy no he nombrado en mi artículo y les doy mis excusas.

Caracas, 25 de agosto de 1989.

FAMILIARES DESCENDIENTES DIRECTOS DE ESPAÑOLES EN LA GUAYRA

La Guayra siempre ha sido una ciudad acogedora y hospitalaria. En ella, hijos de toda Venezuela y de todos los países, han levantado sus hogares, ayudados por su trabajo y por el amor de la gente de esa tierra que los ha aceptado como sus hijos y ellos, con cariño y agradecimiento, han respondido contribuyendo a su desarrollo y engrandecimiento a través de los años.

Hoy quiero hablarles sobre dos de los matrimonios españoles que vinieron a La Guayra y en ella formaron su familia y dejaron descendientes directos de isleños y peninsulares.

El señor Remigio Elías González y su señora, Pura Pérez Bello de Elías, ambos nacidos en Güímar, Tenerife, Islas Canarias, donde casaron en 1915, viniéndose a La Guayra el 22 de noviembre del mismo año, donde se residenciaron primero, de Dos Puertas a Cruz Verde, Nº 37, en la calle del León y luego mudaron al callejón de San Francisco, Nº 10, donde nacieron sus cuatro primeros hijos: Remigio, Elba, Pura y Pancho.

El señor Remigio Elías padre fue dueño del Café Americano y luego la "Casa de Cambio Remigio Elías", empezando el negocio, por cambiarle dinero a los marineros que atracaban en el puerto. Cuando demolieron la calle del Comercio para hacer la avenida Soublette, la Casa de Cambio pasó al terminal de pasajeros.

En 1930 se trasladaron a vivir a Caracas para que sus hijos estudiaran y continuó viajando a La Guayra todos los días, hasta tres meses antes de morir, en 1961.

Sus hijos todos personas útiles al país, en una forma o en otra. Remigio Elías Pérez, capitán de fragata e ingeniero naval, desde hace muchos años presidente del Banco Provincial de Venezuela; su hija Elba, monja de las Siervas del Santísimo; Pura, esposa y madre de familia; Francisco (Parcho) médico de la Marina, ya fenecido en la plenitud de su vida; Malala, esposa y madre y Beatriz, secretaria bilingüe de la Creole durante muchos años.

Hermanos del señor Remigio Elías padre y que también vinieron a La Guayra, fueron: Francisco (Pancho), Manuel, Juan y María. Unos se casaron y otros no, y fueron personas que, con su comportamiento honraron a La Guayra y al país. Hermanos de la señora Pura de Elías fueron Alfonzo y Ernesto. El primero se casó con otra española y dejaron hijos, nietos y bisnietos. El segundo se regresó a las Islas Canarias.

Otro matrimonio español fue el de Vicente Blanco Castillo, andaluz, malagueño y Zózima Henríquez de Blanco, de Santa Cruz de La Palma, Islas Canarias.

El llegó con sus padres y dos hermanos, cuando tenía ocho años, en 1891, y ella llegó de once años, en 1900, dos meses antes del terremoto, con sus padres y su hermana Chana, quien después se casó con el capitán de fragata de la Marina de Guerra Venezolana, Ramón Díaz.

Vicente y Zózima estudiaron en La Guayra, él en el colegio de don Manuel María Villalobos y ella en el de la señorita Carmelita Fernández, donde fue condiscípula de Pedrito Linares, periodista y cronista natural de La Guayra.

Él fue comerciante toda la vida, trabajando en el almacén de don Celedonio Pérez en el movimiento de cabotaje y tuvo interferencia en la marinería con dos balandras, la "Carmen Dolores" y la "Cándida Sofía". Fue revolucionario anti-gomecista, comprometido con hombres como el presbítero don Froilán Monteverde, don Ciro Caballero, el señor Osío, farmaceuta, y los jóvenes Salvador Badillo Giral y César Almaral, y por eso fue hecho preso y expulsado de Venezuela para Curazao, en 1929. Fue un ejemplar y reconocido trabajador muy apreciado en La Guayra.

De su matrimonio en 1919, nacieron cuatro hijas: Nieves Elena, Ligia, Irma y Elba. Todas casadas con venezolanos.

Es decir que los dos españolitos dejaron para esta tierra, cuatro hijas, dieciocho nietos y treinta y cuatro bisnietos. Criollitos puros y amantes de la tierra chica y de la tierra grande y buena, La Guayra y Venezuela, aunado al amor que siempre han sentido por las raíces de la madre patria, España.

Caracas, 1 de septiembre de 1989.

PASEOS Y TEMPERAMENTOS DE LOS GUAYREÑOS I

Los guayreños de aquellos años lejanos de nuestra infancia y juventud, de vez en cuando acostumbrábamos hacer paseos fuera de La Guayra. Íbamos a Macuto a pasear en la playa y nos distraíamos viendo a los bañistas y a la gente que bajaba desde Caracas, a pasar el fin de semana, de vacaciones en el hotel Miramar que en esa época era el hospedaje chic de Macuto. Estaba recién construido y allí llegaban todas las familias de postín de la capital entre ellos, las de los gomecistas, luciendo la última moda francesa en ropa playera y que luego se sentaban en el boulevard, en las mesitas, bajo la benéfica sombra de los uveros, a tomar helados y golosinas o agua de coco, y a pasear vuelta y vuelta en el malecón. Las noches en la playa de Macuto eran amenizadas con alegres retretas; muchos años después, un señor italiano solía tocar bellas melodías en su acordeón.

Nosotras, mis hermanas y yo, no nos bañábamos en Macuto. Las monjas de nuestro colegio nos aconsejaban que no era conveniente hacerlo y las obedecíamos (en ese tiempo, la mayoría de los niños y adolescentes nos dejábamos guiar por nuestros mayores), y nos bañábamos en un pozo en el mar, que existía en el Guiriguire, frente al cementerio de los Ingleses, tempranito y siempre acompañadas de nuestros representantes. Ir a Macuto era delicioso. Corríamos por la calzada, bordeando la carretera en la mañanita, desde Guanape hasta el Guiriguire y luego, acaloradas, nos dábamos el gran chapuzón en el mar. El aire yodado, el sol, el oxígeno y el ejercicio nos ponía rosaditas y más morenas y eso nos encantaba.

Hacíamos picnics en Camurí, en Las Quince Letras, bajo las matas de uvas de playa y de los almendrones y mientras los grandes preparaban los fiambres en manteles, sobre las piedras, nosotras jugábamos al escondido, detrás de éstas y de los artísticos troncos, de formas retorcidas y aerodinámicas de los uveros. Hacíamos cucuruchos con las hojas del árbol y ahí guardábamos las uvas, que mientras más moradas, eran más sabrosas y dulcitas y las comíamos con deleite. Llevábamos huevos duros, de gallina y de pájara, si era la temporada; sandwiches hechos con pan francés, de queso de mano, de queso amarillo, de diablitos; naranjas peladas, mandarinas, cambures, mamones y por refresco y postre, colitas y torta de pan casera. Todavía en Venezuela no se conocía la coca-cola, que de la gama de refrescos, fue la que llegó primero, muchos años después.

Un día, al terminar nuestro picnic, nos dijo Baby Vockerodt, una compañera del colegio de San José de Tarbes, que estaba con nosotras "Vamos para que conozcan un señor raro, que vive por aquí". Y nos llevó hasta el lugar donde vivía Armando Reverón, nuestro amado pintor, quien tuvo la particularidad de captar y transmitir en sus pinturas nuestra esplendorosa luz tropical, la luz que domina el ambiente de La Guayra y el Litoral y le da el calor, el brillo y la alegría a los pueblos marineros del trópico. Pues bien, al acercarnos a la casita donde pintaba, acompañado de sus muñecas, de su piano y de Juanita, su eterna compañera, un mono vestido de monaguillo salió corriendo y se puso a repicar una campana que colgaba de un hermoso cují que estaba sembrado en el frente de su humilde estudio, avisándole que había visita... Reverón salió a la puerta con su guayuco amarrado por el mecate conque se ceñía la cintura (para apartar lo material de lo espiritual), como el decía. Nos miró inquisidor y sin decirnos nada, se volvió adentro para seguir pintando. Su figura poco común y huraña nos inspiró temor, el cual se disipó al observar su conducta indiferente hacia nosotros. Tal vez pensó que éramos gente de paz, cuyo interés era solo curiosear. Las intrusas teníamos entonces, ocho, diez, trece y catorce años.

¡Qué emoción me produjo conocer a este iluminado artista de la luz y del color! ¡Nunca olvidaré los instantes en que estuve cerca de Reverón, el misterioso genio, quien luego me hizo sentir una reverente admiración por Van Gogh, el otro genio misterioso e inmortal, que en su pintura expresó, igual que él, toda la angustia de su alma atormentada!

¡Benditos sean Reverón y Van Gogh, que nos dejaron para el disfrute el maravilloso legado de su arte!

Caracas, 20 de febrero de 1990.

PASEOS Y TEMPERAMENTOS DE LOS GUAYREÑOS II

A veces íbamos a Maiquetía a pasar vacaciones en la casa de nuestras amigas, las Penso Cruces, a quienes hemos considerado como familia, y con ellas bajábamos a bañarnos a la playita de la calle de Los Baños, más abajo de donde después construyeron la Escuela Naval; y por las noches, a la plaza de Lourdes, donde dábamos vueltas a la redoma, en la cual estaba la Virgen, rodeada de un rosal muy lindo y siempre florecido, mientras oíamos la retreta, que tocaban los domingos y nos sentíamos felices, disfrutando sanamente.

Quenepe, en Maiquetía, era un lugar de temperamento muy apreciado por los baños que podían tomar en el bello río "Piedra Azul", tanto los vecinos, como los temporadistas que de otras partes venían a gozar el beneficio de sus aguas. Quenepe era famoso por sus aguas puras.

Pero los verdaderos paseos y temperamentos para los guayreños, eran: Galipán, en primer lugar; Curucutí, Guaracarumbo, río Grande, Chacón, El Guarapo, Hoyo de la Cumbre, Torre Quemada, Naiquatá y Caracas. En Galipán, varios guayreños tenían casas de campo e iban a pasarse vacaciones allá. Se subía por Punta de Mulatos a pie, en mula o a caballo, por una vereda angosta, empinada y quebrada, en tres o más horas de camino.

Un día me invitaron a pasar una semana en Galipán, de donde la gente bajaba rosadita, por el oxígeno que ahí se respiraba y me decidí a ir, con el permiso de mis padres. Cuando llegamos al lugar donde empezaba el camino, me dieron una mula y como por primera vez montaba, me dedicaron esa porque era mansa; pero me salió mañosa y en vez de seguir adelante, se atravesaba en el camino, viendo hacia el barranco y eso me horrorizaba. Al fin, la mula se enderezó y cuando más feliz estaba, Rómulo Bello (q.e.p.d.), por reírse a costa mía, le dio un berrazo a la mula y ésta salió corriendo desbocada y yo guindando de lado, agarrándome desaforadamente de las bridas, hasta que al empezar la subida, se paró y con la ayuda del que me había ocasionado el daño, pude enderezarme. Seguí mi viaje y entonces vino la lluvia, ¡pero qué clase de lluvia!; se me formó un pozo en la silla, hasta que llegué a la "Pica Dolores", donde me bajé del animal y seguí corriendo como una bala, por ella, sobre la hojarasca mojada, que hacía como un colchón bajo mis pies. Las ramas se entrecruzaban arañando mi cara y me parecía ver culebras y arañas por todas partes, en mi mente, ya que siempre me habían dicho que debajo de la basura se escondían estos animales, y cuando logré salir de esa pesadilla, al llegar al camino real, ésta continuó al no ver a nadie y creer que me habían dejado sola. Entonces empecé a gritar desesperada, hasta que aparecieron por fin todos y después de un buen rato de camino llegamos a Galipán. Yo me sentía avergonzada, pues mi vestido se había encogido con el agua y lo tenía mucho más arriba de las rodillas. Mi paseo fue una odisea, una aventura increíble. ¡Cuánta falta en aquellos momentos me hicieron mis padres!

Allá nos visitamos con las otras familias que estaban temperando: los Franklin Elster, los González Mora, los Linares Badillo, los Bello, con quienes fui a Galipán. Nos bañamos en el río, que era de aguas heladas; practicamos tiro con un flower de Carlos Luis González (q.e.p.d.), (quien murió un año más tarde a consecuencia de una mordida de Tigra Mariposa, a la orilla del río Galipán); jugábamos lotería, cantamos, contaron cuentos y chistes, se dijeron adivinanzas; pero las dos cosas que más me impresionaron fueron la conducta de los campesinos nativos del lugar, casi todos descendientes de familias provenientes de las Islas Canarias, y la visión de una bonita y hermosa amazona, altiva y segura de sí misma, que cabalgaba en su bello caballo y parecía la reina de Galipán. Su nombre era Petrica Campos y todos, hombres y mujeres, la admirábamos.

Con respecto a los lugareños, les diré que eran encantadores. Sentada a la orilla del camino, esperando a los amigos que subían con noticias frescas desde La Guayra, entre ellos, Pedrito Linares, observaba que cuando pasaban a mi lado, con sus burritos cargados de flores y hortalizas fresquesitas, me decían: "Buenos días, mi niña", y se quitaban con respeto el sombrerito de fieltro o de cogollo que llevaban puesto. ¿Cómo amaneció? ¡Díos me le de un buen día y los aires de Galipán le presten! Me parecieron tan ingenuos y educados, que siempre los recuerdo con cariño. Todavía no se habían deshumanizado. ¡Ojalá y siguieran así! En esos días pensaba que así debía ser Suiza, país modelo de paz y de belleza.

Caracas, 21 de febrero de 1990.

PASEOS Y TEMPERAMENTOS DE LOS GUAYREÑOS III

Curucutí y Guaracarumbo eran también campos que estaban situados entre La Guayra y Caracas, por la carretera vieja.

Esos parajes en las altas montañas eran sanos, por su abundancia en oxígeno, por su clima frío y seco, por la exhuberancia de la naturaleza, pródiga en guayabos, jobos, caujaros blancos y rojos, jabillos, clemones, mangos y las bellas enredaderas de zapatico de la reina que se cubrían de preciosas flores azulitas; de la alegría del viajero de un sutil follaje con florecitas color carmín y la de los cundeamores, la cual daba una frutica anaranjada, con semillitas carnosas de un rojo encendido que hacían las delicias de los tucusitos, azulejos, canaritos de tejado, turpiales, golondrinas y cristofués. Por eso estos caseríos eran escogidos para llevar a los enfermos afectados de congestiones pulmonares, en donde sanaban y volvían repuestos y recuperados en su salud, a sus hogares en el puerto.

En Curucutí bebíamos la leche de chiva y de vaca, acabadita de ordeñar por la cabrera, que se llamaba Trina y la llevaba en botellas todas las mañanitas. Un día nos recomendó que para los enfermos de asma era muy bueno hervir boñigas de cabrito con leche, para tomar en ayunas, que ella se había sanado con eso. Remedios que la gente del campo inventa y que a veces resultan buenos. A nosotros, por supuesto, nos causó repulsión. En casa se sembraban rábanos y teníamos berros silvestres, que se daban a la orilla de la acequia que pasaba por detrás de la vivienda. Ambos, decía nuestro padre, eran muy buenos para fortificar los pulmones. Comíamos guayabas rosadas y parchas, que así llamábamos a las amarillas, imitando a los pájaros del campo.

Enfrente de nuestra casita, que se encontraba en una loma, había un hermoso jabillo y en él colgado un trapecio que nuestro padre nos preparó y desde el cual nos divertíamos mucho cuando venía el ganado que llevaban para Caracas, pasando por la carretera y el que lo pastoreaba cantaba tonadas que me parecían tristes; pero que tenían la propiedad de hacer volver al redil, al animal que se desviaba del camino y subía por las laderas de nuestra vivienda, descarriado. Muy cerca de nosotros, recostada en su silla de extensión, para descansar sus pulmones, nuestra amada y nunca olvidada María, tocaba en su sinfonía de boca, bellas canciones, entre ellas recuerdo el bello tango "A media luz", del cual sabíamos hasta la parodia, que ella nos enseñaba.

Asistimos a una fiesta de La Cruz de Mayo en la que hombres del lugar tocaban cuatros, violines y maracas, gente que nunca había estudiado música, solamente por oído, mientras se alumbraban con lámparas de gasolina, aunque la generalidad de los campesinos lo hacía con lamparitas de carburo, una luz triste e intermitente que angustia al que ha usado siempre luz eléctrica. Eso pasaba en el año 1928.

Al lado de las cosas bellas tuvimos la inesperada visita de una culebra cascabel, subiéndose por la pata de nuestra cama mientras dormíamos, siendo descubierta por el fino oído de nuestra fiel Ana, quien captó el ruido de su maraca y ella, valiente siempre, le dio muerte. En esos días merodeaba por Curucutí un personaje popular de La Guayra, quien habiendo llegado por mi casa buscando trabajo para comer, le daban los cubiertos para que los brillara y un abanador para que abañara los carbones, mientras a la intemperie, a pleno campo, se cocinaba la jalea de guayaba, frutas que él mismo había recogido en el espléndido bosque que rodeaba nuestra vivienda. Mondongo en su paupérrima vida, prefería trabajar y no pedir limosna. Como siempre estaba tan mal vestido y en forma tan descuidada, los muchachos le gritaban: "Mondongo, ahí viene la policía" y él les contestaba con sabiduría: "Zamuro, zamuro no cae en trampa, porque zamuro come bailando". Un día se desapareció Mondongo, cuando menos lo esperábamos, sin dejar ni el rastro.

Mientras temperábamos en Curucutí, también lo hacían la familia de Luis Julián García, Catalina su amable y buena esposa, Luis Guillermo su hijo y la india Mercedes, genuina goajira; los Santi; los Leandro; los Daal Casile; nosotros y los dueños de la Hacienda, los Brandt. En esa hacienda vivía un monito que nos divertía mucho, pues encaramado en las matas del camino, al darle un cambur se alegraba y lo pelaba con cuidadito, como si fuera una persona, lo mismo hacía con los mangos. Un día le dieron un huevo y lo veía y lo peloteaba de una mano a otra, haciendo tantas monerías con la boca y con las manitos, que nos hacía reír de lo lindo.

El comisario de Curucutí era un señor de nombre Isaías y nos mandaba todos los días a su hija, la pequeña Eulogia, para que jugara con nosotras. ¡Cuánto recuerdo a Eulogia y el tiempo feliz que pasamos en ese encantador campito de mi tierra! En los juegos, un día ella era mi hija y al siguiente, era hija de Ligia, mi hermana y le dábamos teteros de gofio con leche, que en mi casa, con un padre español y una madre canaria, usábamos mucho. Teníamos una perra que se apareció y se quedó en casa, por el cariño que vio en nosotros y tuvo ocho perritos debajo de una piedra. ¡Cómo sufrimos cuando nos volvimos a La Guayra y tuvimos que dejar a "Mandinga" y sus perritos! Curucutí era un remanso de paz para los guayreños, un refugio. ¿Cómo estará ahora, después de la invasión de la carretera vieja? ¡Ni pensarlo!

Caracas, 22 de febrero de 1990.

PASEOS Y TEMPERAMENTOS DE LOS GUAYREÑOS IV

Guaracarumbo era un campo que estaba situado al lado de Curucutí y también servía de sanatorio para los enfermos de los pulmones, porque era muy frío. Muchos encontraron allí su salud. En la carretera vieja estaba el restaurant del señor Pedro García, que mucha gente usaba para fiestear y se compraban ahí las famosas cuajadas de queso, de un gusto exquisito. Enfrente de este restaurant, que también era panadería, había un gran pedestal con un carro antiguo vuelto chatarra, encima, que alertaba: "Despacio se anda lejos" y servía de ejemplo a los viajeros. Ahí cerquita quedaba "La Vuelta de la Horquilla", una gran curva en forma de "U", muy pronunciada y peligrosa. Desde allí, cuando bajábamos a La Guayra, empezábamos a ver nuestro bello mar, que desde Caracas siempre recordábamos con nostalgia. Para los guayreños el mar es algo que vive en nosotros y con nosotros toda la vida. Contemplar su ir y venir, suave o embravecido, escuchar el ruido que producen sus olas al bañar la arena de la playa con su espuma una y otra vez; sin descanso, me sobrecoge y me transporta muy lejos de este mundo. Para mi, la gente, los árboles, un buen libro y el mar, son las cuatro cosas que amo más en la vida. Por eso me alegraba tanto llegar a La Vuelta de la Horquilla, por el viejo camino. Veía los cocoteros, el mar y la gente; sólo me faltaba ver mis libros, que en mi casa me esperaban tranquilos. Una colección de cuentos de Calleja regalados por mi amigo adulto, Anselmo Adrián; Corazón, el Almacén de las Señoritas, Tardes de la Granja, Las Mil y Una Noches, Santa Teresa de Jesús y Bertoldo, Bertoldino y Cacaseno, eran mis preferidos en mis años niños.

Río Grande era un campito cerca de La Guayra y Maiquetía, en la montaña; ahí los campesinos sembraban papas, cebollas, cacao y café también, lo mismo que en Chacón y El Guarapo. La ciruela de huesito y las guamas peludas y también la lisa eran silvestres en esas fértiles tierras. Esas frutas junto con el mamón, el cotoperí y la yuca fueron suculento alimento para nuestros indios. Por muchos años la casa de la hacienda en río Grande fue del señor Rafael Henríquez Fernández, tío de nuestra madre, adonde siempre llevaba a su familia a temperar, a pasar las vacaciones de agosto y de diciembre. Mi mamá, recién llegada de Canarias, pasó el terremoto de 1900 en ese campo. Siempre nos contó las peripecias que pasaron ese terrible día. Tenía solamente once años y pasó un susto que no olvidó jamás.

Hoyo de la Cumbre y Torre Quemada, otros campitos que se encontraban en la ruta de la peregrinación de la Virgen de Lourdes, cerca de La Guayra y Maiquetía, eran visitados por los guayreños de aquellos tiempos y seguramente que en ellos vivieron nuestros indios, Sunaguto, Pariata, Paisana, Guaicamacuto, de las tribus Guanairas y Tarmas, antes y durante los primeros tiempos de la colonia, hasta que los exterminaron, cruelmente y sin contemplaciones.

Caracas, 22 de febrero de 1990.

La Pólvora o Polvorín.

Casa de las Domínguez Rivodó.

Esquina de El Viento.

Riconcito Guayreño.

Plaza de El Tamarindo.

"Caja de Agua al Corral de los bueyes".

163

La Cruz Verde.

Balconcete en el Puente de Jesús.

Callejón de San Francisco.

La Cruz Verde y la Casa de los Ortega.

Callejón "Sal si puedes".

"El Cristo de Maiquetía".

Ramoncito en los Escalones de la Caridad.

La Virgen del Carmen.

167

Árbol en el Puente de Jesús.

Garita en la Pólvora.

PASEOS Y TEMPERAMENTOS DE LOS GUAYREÑOS V

Otro de los paseos que hacían los guayreños de aquellos años 30 y pico, era la peregrinación a Naiguatá para celebrar la fiesta de la Virgen de Coromoto el 8 de septiembre y que duraba una semana, en que el pueblo se vestía de feria, como en los pueblos de la lejana España.

En La Guayra se decía que los naturales de Naiguatá un día encontraron una piedrecita donde aparecía grabada la imagen de la Virgen, la cual aumentaba de tamaño, crecía y la habían colocado en una Custodia y allí la veneraban. No sé si eso era cierto o era fantasía de las personas que lo repetían como si fuera historia. En esa época nosotros no sabíamos que existía la Virgen de Guanare, sólo oíamos hablar de la de Naiguatá.

Pues bien, como en aquellos años no estaba construida la carretera todavía, las personas se iban por mar, a pie, o en lomo de mula por la montaña, teniendo que pasar por el Tigrillo, en la parte más alta y peligrosa del barranco. Los peregrinos iban entre cánticos y rezos hasta llegar al pequeño y deseado pueblo, en donde sus habitantes, dispuestos a esperar la romería, aprovechando esos días para hacer pequeños bazares, vender muñequitas de trapo, objetos hechos de la concha del coco, dulcesitos de la grangería criolla, como: besitos, bollitos de cambur, melcochas, majarete, mazamorra y la inmancable agua de coco, que con la limonada de papelón, la chicha de arroz, y el carato de acupe, hacían las cuatro bebidas sanas, refrescadoras y sabrosas de nuestra tierra.

Las personas que iban desde La Guayra por mar desembarcaban en donde hoy está Puerto Azul, que era la playa de la hacienda Longa España, de los Colmenares Pacheco. Para desembarcar había gente especializada en esperar las lanchas, fornidos hombres del pueblo que llevaban a la gente cargada hasta la costa. Esto pasaba igual en Caruao, La Sabana, Chuspa, Chuao, eran especialistas en hacer el "jalío" o sea, esperar el momento en que la ola grande deslice el cayuco sobre la arena y que por supuesto, atemorizaba a los que por primera vez iban por esas playas y asistían obligados, porque sí, a esa faena.

Había quien iba a parrandear y aprovechaban la ocasión para echar una "canita al aire". Siempre se ha dicho: "Unos van a los maitines y otros van a maitinear".

Jóvenes con tambores y otros instrumentos criollos amenizaban las fiestas dándoles el colorido requerido para la ocasión, en donde al fervor religioso y al amor a la Virgen se unía la alegría desbordante de los pobladores del lugar y de los visitantes que iban a cumplir promesas y ansiaban distraerse y pasar unos días felices y diferentes.

Muchos guayreños asistían todos los años a los actos para celebrar la semana de la Virgen de Coromoto en Naiguatá, entre ellos, el señor Juan Noda y su esposa Flor Guevara, el señor Ángel Mora y su señora Olga Guevara, César y Alito Landaeta Delgado, Fidel Badillo, Gonzalo Machado, Marcos Bolívar, Joseíto Márquez, Carlos Navarro Giral, Gustavo Olivares Bosque y muchos otros, quienes gozaban de todas las atracciones que el pueblo, sencillamente ofrecía a los peregrinos: Misas, rosarios, procesiones. Todo sobrecogía a los creyentes que con piedad asistían a los actos y luego regresaban felices de haber cumplido con sus creencias, con su fe, a contar sus impresiones y recuerdos alegres de la peregrinación a Naiguatá.

Nuestro padre, para cumplir una promesa que le había hecho a la Virgen, construyó un banco de madera para diez personas y por la mar lo llevó a Naiguatá para donarlo al templo. Yo tenía entonces siete años y recuerdo todavía cuando por las tardes carpinteaba, al volver de su trabajo del almacén de don Celedonio Pérez. La carpintería era su hobby preferido y la hacía con amor y bien.

Nunca fuimos a la peregrinación de la Virgen de Coromoto a Naiguatá porque a mi padre le daba temor que fuéramos a pie por el Tigrillo y le tenía miedo al jalío, si íbamos por el mar; pero él si asistía y conocía todos los pueblos de la costa: Chuao, Chuspa, Caruao, Osma, adonde iba como agente viajero y en todos esos lugares tenía amigos, compadres y ahijados, a quienes quiso mucho, entre ellos, a Isaías Liendo, su esposa Ramona, su ahijada Georgina de Tovar y Lucrecia.

Nuestro padre era un libro abierto y nos contaba todos los pormenores de sus viajes por esos bellos pueblos, llenos de gente ingenua y buena.

Caracas, 22 de febrero de 1990.

PASEOS Y TEMPERAMENTOS DE LOS GUAYREÑOS VI

Nosotras, las niñas de mi casa, pasábamos nuestras vacaciones en Caracas, que en esos tiempos decían que ahí debía haber estado situado el paraíso terrenal. Su clima, sus flores, sus árboles, los riachuelos que en ella caían y su gente, hacían de ella una ciudad encantadora. Sus techos rojos, sus patios, en donde siempre había un granado, un limonero, una higuera y una fuente, le daban un carácter señorial a todas sus viviendas. Su clima maravilloso hacía que pasáramos unos días felices en ella, pues descansábamos del calor sofocante de nuestra ciudad marinera, sobre todo en los meses de julio y agosto, cuando parecía que el sol estaba más cerca de la tierra.

Llegábamos a la casa de nuestra prima y madrina, Albertina Henríquez de Pérez, viuda de don Celedonio Pérez, hijo adoptivo de La Guayra, excepcional hombre, bueno a carta cabal. Los guayreños le debemos agradecimiento. Pues bien, esta casa estaba situada de San Luis a Santa Isabel, al lado de Cotizita. Desde una terraza en la parte posterior divisábamos nuestro bello e imponente Ávila, muy cerquita. Nuestra vivienda terminaba donde empezaba el bosque. Un precioso bosque lleno de guayabos, cuyas hermosas y olorosas frutas recogíamos del suelo "goteadas" y guardábamos en la cesta que llevábamos a nuestro paseo matutino.

Aprendíamos a cazar mariposas que luego dejábamos ir libres y felices por el campo. Por allí bajaba de la montaña un bellísimo riachuelo, a la orilla del cual y sobre las hermosas peñas que lo rodeaban, mis primos, las que nos cuidaban y yo, sentados solíamos contemplar la bajada del agua cristalina y oír, como magnetizados, el murmullo que hacía al deslizarse por encima de las piedras de su cauce. Gozábamos al observar el cabrero pastoreando su rebaño antes de ir al ordeño y oir el tintineo de las campanillas que llevaban las cabritas atadas a sus cuellos.

En medio de este bosque, el asilo de ancianos parecía un convento, donde a veces entrábamos para saludar a los viejecitos y a las hermanitas que los cuidaban y en donde en la capilla estaban las hermosas imágenes que nuestra madrina había regalado, cuando al mudarse a Caracas, desbarató el bello Oratorio que tenía en su casa de Las Dos Puertas, en La Guayra.

¡Qué bellas eran las mañanitas que pasábamos en Cotizita y cómo regresábamos rosaditas y con un voraz apetito a tomar el desayuno, después de haber corrido y jugado, cantando, acompañando a los cristofués, los arrendajos, los tucusitos y demás pajaritos, que mientras libaban el néctar de las flores y picaban las guayabas y cundeamores maduritos, entonaban sus cantos matinales, saludando al sol y a la naturaleza exuberante de aquel bosque!

Nunca olvidaré nuestras vacaciones en San José de la Parroquia, cuando por las noches, con María La Grande y María Luisa, las dos muchachas muy queridas que nos cuidaban, con el frío de diciembre de aquellos años de 1928, 1929 y 1930, íbamos a ver los bellos nacimientos que la gente armaba en las salas de sus casas, con sus pastores, sus ríos y cascadas, sus puentes, sus casitas y castillos, camellos y ovejitas, pinos y semilleros de maíz y alpiste, que habían sido sembrados sobre algodón humedecido, con antelación, amor y paciencia, por la dueña de la casa, para acompañar a la sagrada familia de Nazaret.

Eran muy artísticos los nacimientos y cada quien se esmeraba en hacerlo mejor. A menudo en nuestro paseo nocturno nos encontrábamos con parranderos que, con banderas, panderetas, furrucos, tambores, cuatros, maracas y hasta violines, iban a tocar y cantar al Niño Dios, y las personas de la casa les brindaban y les daban algunas monedas para que continuaran la parranda.

Bellos tiempos pasados, sencillos, sin riquezas; pero de una alegría sana que transmitía amor a la familia formada por San José, la Virgen y el Niño y a la tradición de la Pascua de Navidad, en la campechana y a la vez señorial Caracas de aquellos días de mi infancia, cuando paseaba en tranvía y en coche y desde ellos observaba a su gente, en su mayoría correctas, bien vestidas, amables, pacíficas, sin soberbia y con la alegría propia de la gente sana y buena.

¡Con cuánto amor recuerdo esos días y cómo se grabaron en mi mente y en mi alma! ¡Bendigo a Caracas y a mi adorada madrina Albertina, quienes me hicieron vivir tantos momentos felices!

Caracas, 23 de febrero de 1990.

PASCUA DE NAVIDAD EN LA GUAYRA

La Pascua en nuestra antaña ciudad era alegre, se celebraba con la alegría que causa en los católicos el nacimiento del Niño Dios y de la cual todos nos contagiábamos al mismo tiempo. Los frentes de las casas se pintaban y se acondicionaban por dentro; se lavaban los muebles que tenían que ser barnizados nuevamente. Se sembraba el maíz y el alpiste con veintiún días de anticipación para que las matitas estuvieran listas para adornar el pesebre, a su tiempo. Nuestras madres nos hacían vestidos para estrenar tanto en la Pascua, como el día de año Nuevo. Todo se preparaba para la Nochebuena.

El 16 de diciembre ya habían dado las vacaciones a todos los colegios y ese mismo día empezaban las misas de aguinaldo tradicionales. Estas misas eran auspiciadas por diferentes institutos de La Guayra como: la Corporación del Puerto, la Prefectura, la Sanidad, el Resguardo, el Correo y los diferentes comerciantes del puerto. Ellos pagaban a la orquesta que amenizaba las misas, tocando por las calles en la madrugada y en el atrio de la iglesia, y los cohetes y cohetones disparados también en el altosano. Antes de empezar las misas ya los muchachos de La Guayra habían confeccionado sus panderetas criollas. A una tablita, alrededor de treinta y cinco centímetros de largo, le clavaban bastantes chapitas hechas con tapas de colitas o de cerveza que producían un sonido igual al de la pandereta española. Las muchachas en el bello coro de La Guayra, acompañadas de Rosario Bethancourt, la eterna organista de la iglesia de San Juan de Dios, hoy catedral, tocaban diferentes instrumentos, tales como: el órgano, violines, guitarras, cuatros, maracas, furrucos, panderetas y cachos para charrasquear y cantaban bellos villancicos de nuestra tradición. En esas misas nunca se tocó una gaita, nosotros éramos apegados a lo nuestro, todavía no habíamos dejado que influencias extrañas a nuestros pueblos centrales y orientales nos invadieran, como después lo permitieron los encargados de difundir la música, por conveniencia, sin pensar en que la tradición es la esencia, la idiosincrasia, lo maravilloso, lo que distingue a una región de otra, aunque todos seamos hermanos. Los pueblos centrales con una debilidad tremenda hemos perdido nuestra personalidad, nuestros aguinaldos a lo divino y a lo humano, nuestra manera de expresar el espíritu de la Navidad. Yo me siento avergonzada y triste por esto. Mientras los otros defienden lo suyo, nosotros nos hemos dejado apabullar.

El primer repique para anunciar las misas de aguinaldo nos despertaba a las 4 a.m. y a las 4 y media el tercero. Nos levantábamos con el fresquito de la madrugada, pues en diciembre bajaba la temperatura en La Guayra, y llegábamos a la iglesia entre cohetes y triquitraquis que nos asustaban. En las misas se cantaban lindos aguinaldos y al terminar, todos bajábamos al mercado para que la señora Encarnación nos friera arepitas de manteca bien abombaditas y empanadas. También comprábamos frutas de la temporada, entre ellas, guayabitas del Perú, que eran deliciosas y nos dirigíamos al paseo "24 de Julio", a pasear unos, a patinar otros. Luego nos íbamos a bañar al mar en el pozo del Guiriguire, frente al cementerio de los ingleses. En nuestra casa, únicamente nos permitían bañarnos en el mar en la temporada fresca, porque decían que en el tiempo de calor, salían nacidos; y tampoco nos podíamos bañar, dos, cuatro o seis días seguidos, tenía que ser, un día, tres, cinco o siete días; o sea, impares porque de lo contrario, hacía daño. Cosas que ahora nos parecen ridículas, pero que fueron así y nos parecían normales.

El día de Pascua, comíamos las deliciosas hallacas que nos hacía la señora Angelita Escudero de Gómez; jamón serrano, queso de bola holandés, dulce de lechosa, bienmesabe, dulce de orejones variados y un chocolate bien espeso. La mesa se adornaba con frutas criollas y las exóticas manzanas, peras, uvas, melocotones, que nos venían de afuera, junto con avellanas, nueces y turrones de jijón o alicante y mazapán.

El 24 en la noche venía nuestro Niño Jesús a ponernos en los zapatos que dejábamos al lado de la cama o a orillas del pesebre, lo que le habíamos pedido en carta anticipada. Nunca poníamos arbolito, esa moda vino mucho después. Cuando íbamos a escribir la carta al Niño Jesús, nuestra madre nos decía: no le pidan demasiado, ni cosas muy costosas porque el Niño Jesús le tiene que traer a muchos niñitos y el pobre, no puede con tanto. Hay que considerarlo. En aquella época los niños entendíamos lo que era consideración, pues la bonanza no había llegado todavía.

Nuestra Nochebuena la pasábamos completamente en familia y los niños nos acostábamos temprano y al despertarnos en la mañana, corríamos a ver lo que nos había traído el niño Jesús y nos llenábamos de felicidad la cual transmitíamos a los que nos rodeaban. Era una real fiesta de la inocencia. El 28 de diciembre celebrábamos con pequeñas picardías el día de los Inocentes. Un día alguien me regaló un pedacito de bocadillo muy azucarado y al morderlo me encontré que era un pedacito de jabón amarillo de las Llaves, envuelto en azúcar. Me decía alguien ¿Cómo que te caíste, porque tienes la falda sucia? Tonterías que nos hacían reír y gozar y cuando nos veíamos el vestido, nos decían: ¡Caíste por inocente!

El día de año Nuevo asistíamos a la misa de 12 p.m. y allí esperábamos la bendición del Santísimo y al sonar el primer cañonazo y las sirenas de los barcos surtos en el puerto, nos íbamos corriendo a la casa para abrazar y pedir la bendición a nuestros padres y demás familiares. Luego visitábamos a los vecinos, que por lo regular iban primero a nuestra casa, y después, subíamos a la casa de la familia Gómez Escudero para felicitarlos. Eran unos amigos muy queridos.

En esa época no nos mandábamos tarjetas de Navidad, los regalitos eran sencillos. Se obsequiaba a los amigos dulce de limón del que hacía nuestra querida Sixta, de lechosa con cabello de ángel, de orejones, de toronja. También se regalaban hallacas. Era una fiesta familiar, sencilla y sana.

En la casa de las Domínguez Rivodó hacían un bellísimo nacimiento que a todos los guayreños nos gustaba ver y donde se cantaban aguinaldos con mucho entusiasmo. Era un pesebre especial.

Debemos aprovechar este tiempo de adviento, en que celebramos la venida del Redentor para reflexionar, meditar y preguntarnos interiormente, si hemos cumplido con nuestros deberes, si hemos amado a los demás y a nosotros mismos, si hemos hecho algo por nuestra patria, tan necesitada de ayuda y del trabajo de todos, y no de dimes y diretes que no dejan sino odios y rencores. Aprovechemos estos días para recordar a nuestros amigos y demostrárselo, por lo menos, con palabras de cariño, que siempre llegan al alma. Seamos amables en el trabajo, en la casa y veremos los magníficos resultados que esta conducta produce. Todos los venezolanos en estos días y siempre, estamos necesitando amor, mucho amor. Y debemos sacar a relucir nuestra alma de niños, que en lo profundo de nuestro ser, llevamos a pesar de todo y todavía. ¡Que así sea!

Caracas, 19 de diciembre de 1989.

MAIQUETÍA Y EL MIRAMAR DE PARIATA I

Pasé dos de los años más felices de mi vida en el Miramar de Pariata y en Maiquetía.

En 1931, mi hermanita Irma estuvo padeciendo de unas fiebres diarias, en La Guayra, y nuestro médico de cabecera, el nunca olvidado doctor César Almaral, humanista y sabio, le recetó un cambio de ambiente y por esa razón, pasamos un año en el Miramar de Pariata, encantador y solitario paraje, donde solamente existían cinco quinticas y una casita de hacienda, pequeña, que era de nuestro primo Rafael Henríquez F. y en la cual vivimos un año, y antes de los 15 días, ya mi hermana se había sanado. El temperamento y los aires oxigenados del Miramar de Pariata le hicieron bien.

Nuestra casita estaba rodeada de árboles frutales: guayabos, grosellas, cambures, granadas, almendrones, caujaros y cocoteros, donde anidaban toda clase de pajaritos y mariposas, atraídos por las flores y las frutas. Mi padre sembró yuca y como había mucho espacio, sembró también plantas rastreras, como la patilla y la auyama. Sus hortalizas preferidas eran los rábanos, que recogía cada veintiún días y los berros, que a la orilla del gran estanque o piscina que teníamos en nuestro gran jardín, se daban muy hermosos. A la vera de la casa, un gran parral que daba uvas moscatel dulcísimas, que sabían como las de España, pero que había que embolsarle los racimos, para protegerlos de las avispas y de las abejas. Mi madre confeccionaba en su antiquísima máquina Singer las bolsitas. Más allá del parral, una mata de parcha granadina, cuyas enormes frutas, carnosas y dulces, en compañía de las uvas, las regalábamos a las monjas de nuestro colegio San José de Tarbes, a nuestro médico y a los amigos más queridos.

Un gran almendrón adornaba nuestro frente y en él, un trapecio que nos hizo papá y en donde, mientras me mecía, soñaba despierta cosas muy bellas, tejiendo fantasías, muchas de las cuales se volvieron realidad al pasar de los años. En ese tiempo tenía yo diez añitos. Al lado del almendrón existía un gran algibe, para recoger, en algún tiempo pasado, el agua de lluvia.

Nuestros vecinos eran gente muy amiga: el señor Alfredo Giral y su familia; el señor Domingo Abreu y su esposa, dueños de una casa de cambio en La Guayra; señor José Giral, con su bella y fina esposa, Lucila y su hijo José Alfredo, hoy médico; el señor Luis Lovera, dueño de un aserradero en El Cantón, junto a su esposa e hijo; y el señor Héctor Giral, su mamá, su hermana Graciela y su abuela Mimí, una viejecita encantadora que me quería, me consentía, me sentaba en sus piernas y me contaba bellísimos cuentos que no se me han olvidado todavía y que me han servido de lección maravillosa. Yo la quería con el amor que se puede sentir por una abuelita adorable. Con ella tuve la misma suerte que con tres niños que quise como si fueran mis hijos, siendo una niña todavía, pues se los llevaron muy lejos, donde no los pude volver a ver sino después de muchos años. A Estrella Benaím, mi ahijadita y a Carlitos Machado, los vi., ya hechos mujer y hombre y a Pedrito Sánchez, no lo vi más nunca. ¡Cada vez qué alguien de ellos tuvo que irse, sufrí bastante!

Pues bien, el lugar en donde después construyeron el Periférico de Pariata y sus alrededores, que hoy está poblado al máximo, que no tiene un lugarcito desocupado, era un apacible lugar, lleno de paz, en donde, sin tener que caminar mucho, se unían la tierra roja de la zona, con la arena fina y blanca de la playa, y en donde a la orillita del mar, recogíamos bellos y artísticos caracoles de variados colores, con los cuales adornábamos nuestra casa de muñecas, en la parte trasera de la casa, que tenía una reja hacia el jardín, desde donde podíamos contemplar cuando los cangrejos brotaban debajo de la tierra arenosa, propia de la playa (supongo que el mar ha debido haber llegado hasta ahí, alguna vez); y después caminaban hacia atrás y hacia adelante, dando pasitos de un baile raro, que sólo lo entendían ellos. Nuestra casita era de una sola planta, con techo de tejas, de dos aguas y un corredor sostenido por pilares con un murito a la orilla que servía de asiento. Debajo del tejado un techo de caña amarga, para protegernos del calor, y en donde hacían sus casitas las avispas negras, las cuales yo coleccionaba pues me fascinaba la simetría de los huequitos que hacían y que les servían de hospitalario hotel. Mi padre, para protegernos de sus picadas ponzoñosas, las descolgaba y nos las daba para que jugáramos con ellas.

Mientras me recostaba los sábados y domingos por la tarde para leer mis libros preferidos, me distraía viendo el ir y venir de las avispas, que traían en sus patitas, bolitas de barro, recogidas a la orilla de un laguito artificial, hecho por nuestro primo, Miguel Castro, para que se bañaran los patitos, que había embollado una pata, que nos regalaron nuestras amigas, las Penso Cruces. Pues bien, las avispas, poco a poco y trabajando duro, iban construyendo sus viviendas o colmenas. ¡Qué laboriosidad la de esos animalitos y cómo estaría de bello nuestro país, si todos procurásemos imitarlos!

Otro día continuaré mi artículo; por hoy los invito al descanso necesario y útil.

Caracas, 14 de mayo de 1990.

MAIQUETÍA Y EL MIRAMAR DE PARIATA II

Las noches de luna, con nuestros vecinos, en romería nos acercábamos a la playa, paseando y cantando y así nos distraíamos; a falta de radio, paseo. Una noche encontramos un alcatraz que había muerto, caído sobre la arena y sus alas estiradas, de punta a punta, dijeron que medían casi dos metros... Son enormes y cuando vuelan, no nos podemos imaginar nunca, cuan grandes son.

Los domingos por la tarde, nuestros queridos amigos, Jesús Guillermo y Federico Gómez Escudero iban a visitarnos y en la playa, jugábamos un baseball adaptado a nosotros, Ligia y yo, junto con ellos. Ligia era el pelotero José Dolores López, y yo Nieves Rendón, que en aquella época era la primera base del Royal y gozábamos un puyero, ¡Cuán distinta era esa época a la de ahora! ¡Cuánto la añoro para mis nietos y todos los nietos del mundo!

Nuestras amigas, Esther Lemoine y las Penso y Elenita Morón, venían a bañarse en el gran estanque que existía en nuestro jardín y en donde, una vaquita llamada Linda, nos observaba mientras tomábamos un baño delicioso. Los domingos a veces íbamos paseando por la orilla de la playa, hasta la Cuarentena, edificio construido en la región donde fue edificado después el liceo Vargas, para aislar a las personas con enfermedades contagiosas, como la viruela; pero que en ese tiempo solamente lo habitaba una familia que lo cuidaba y que nos vendía huevos fresquesitos y nos dejaba recoger todos los almendrones más divinos que he comido en mi vida. Eran rojitos por dentro y muy dulces y después de habernos comido su carne, le partíamos la semilla y nos comíamos la almendra muy rica que tenían dentro. Un día tuvimos la sorpresa de encontrar, cuando pasábamos por un gamelotal espeso, un nidal de huevos de gallina. Quisimos, niñas al fin, cogerlos, pero nos dijeron que era una maldad, pues podían tener ya pollitos.

¡Qué sabroso se vivía en el Miramar de Pariata de aquellos tiempos inolvidables y que falta me hicieron, hasta los cangrejos que me parecían que bailaban con alguna música que era imperceptible para nuestros oídos; pero que a ellos les encantaba y por eso hacían tantas piruetas! ¡Qué de colores variados tenían y cómo los aprendí a querer, en aquellos días inocentes de mi niñez!

¡Cómo me gustaría volver a pasarme unos días tan felices como los que pasé en el Miramar de Pariata; pero eso sí, dentro del marco del año 1932!

Caracas, 14 de mayo de 1990.

MAIQUETÍA Y EL MIRAMAR DE PARIATA III

Corría el año de 1932 cuando mi padre, habiendo conseguido por fin un empleo, luego de regresar del exilio, pues el señor Mino Santi, su buen amigo, tuvo la valentía de proporcionárselo (todo el mundo tenía miedo de emplear a un anti-gomecista), nos mudamos del Miramar de Pariata a Maiquetía).

Nuestra casa estaba situada frente a la plaza del Tamarindo, esquina con el callejón de los Claveles. Por cierto, que antes de continuar mi artículo voy a contarles algo curioso que me pasó, 37 años después de haber vivido en esa esquina; llevando a mi hijo menor, de siete años, a un pequeño coney island en los terrenos de la zona rental de la plaza Venezuela, el señor que vendía los tickets, me preguntó: señora, perdone, ¿por casualidad usted se llama Nieves Blanco? Al contestarle que sí, me dijo a su vez: ¿Usted no recuerda a un jovencito qué encaramado en un árbol en el callejón de los Claveles, silbaba canciones siempre? Entonces recordé el hecho, porque yo me deleitaba oyéndolo, ya que parecía un ruiseñor; y entonces me dijo: "lo que es la vida, esas canciones las silbaba yo, para que usted las oyera"… Muchas gracias y dispense, le dije, pero solamente tenía once años y no me dí cuenta de su intención. Cosas de aquella época, en que éramos completamente infantiles hasta muy grandecitas.

Volviendo a la plaza del Tamarindo, hoy plaza de los Maestros, les diré que en el centro tenía una redoma con muchas rosas, unas rejas de hierro preciosas y en el medio de éstas, una estatua que representaba una bella mujer; la misma que después colocaron en la avenida Soublette, cometiendo esa irreverencia con el pueblo maiquetieño, que como cosa suya ha debido protestar sin miedo. De la redoma salían cuatro avenidas que circundaban cuatro jardines, donde existían bellos árboles y plantas de diferentes especies, que daban flores en abundancia. Fuera de la redoma, estaban situados cuatro bellos bancos de cemento, con brazos acaracolados, en donde frecuentemente nos sentábamos a contar cuentos. En la parte baja del cemento que sostenía las rejas, unas caras o máscaras, que para nosotras, en esa época, niñas de diez y once años, se nos parecían al diablo que siempre nos habían pintado.

Alrededor de la plaza del Tamarindo, en aquellos años, vivían varias familias muy conocidas de Maiquetía, entre las cuales estaban: Las del Rosario, las Merlo, Lulú Martínez, las Gibbon, las Guerra, dueñas del cine Princesa, que quedaba frente a la plaza.

Quiero aprovechar la oportunidad para nombrar en este artículo muchas de las familias que para el momento y durante muchos años, vivieron en Maiquetía como son: Las Pérez Sosa, las Brambillas, las Regetti, las Aveledo, las Vilachá, Ron Pedrique, Penso Cruces, González Boultrón, González Mora, las Bello, Caraballo, Lemoine, Bosque, Grillo, Párraga, Romero, Perichi, La Roche, Egui Delgado, las Nahón, Salinas, Cabaliero, Semidey, los Ferro, Mercado, Regalado, Peláez, Mayorca, las Gámez, las Corao, las Nahmens, las López, las Recagno, las Jiménez, Valdivieso, Villarroel, las Morao, las Gil, las Yépes, las González, las Luy, Gáspery, las Díaz Leandro, las Moreau, los Elías, Cárdenas, las Rincón, los Chalbaud Cardona, los Núñez, Tamayo, Gouverneur, Martínez, las Machado, los Badiola,

Guaita, Cabrera, los Salgado y muchas otras a quienes en el momento no puedo recordar, pero que también formaban la pléyade de familias bellas de la Maiquetía de esos tiempos.

Nuestra vida en Maiquetía fue muy feliz. Por el día, al colegio San José de Tarbes en La Guayra. Apenas montarnos en el autobús, amigos nos pagaban el pasaje y nosotros, con lo que nos ahorrábamos así, entrábamos a la panadería del señor Marcou, donde el joven Carlos González de aquella época, con su corbata de lacito, nos vendía chocolates Nestlé, para llenar nuestro álbum de barajitas. Qué tiempos aquellos. Por la tarde al llegar a Maiquetía nos bañábamos, merendábamos y con la misma, a patinar en nuestra querida placita del Tamarindo, donde gozábamos tanto...

En Maiquetía la vida era más fácil para el disfrute. Todo quedaba cerca: la placita de Lourdes y la del Tamarindo y la calle de los Baños hacían las delicias de los jóvenes y de los viejitos de aquellos tiempos. La Escuela Naval, situada al final de la calle de los Baños, atraía enormemente a la muchachada que por las tardes iban a ver bajar la bandera y oír la banda de la escuela, tocando bellos valses y pasodobles y nuestro inolvidable himno nacional; y de paso, ver a los cadetes, que desesperados por ir rapidito a la placita de Lourdes, donde verían a sus conquistas, las pollitas de entonces, parecía que no veían el momento de terminar la ceremonia. Con razón los jóvenes celosos de Maiquetía al ver llegar a los cadetes en formación, los domingos, a la misa de ocho, decían: ¡Ya llegó la peste blanca!... ¡Benditos aquellos tiempos de Maiquetía y su gente también!

Caracas, 6 de agosto de 1990.

TRISTEZAS DE UNA NIÑA ALEGRE A ORILLAS DEL MAR

Deseo, al escribir este artículo, que los jóvenes del ayer inmediato y del presente, que han vivido en democracia, lo lean con detenimiento, pensando en el futuro de nuestra hermosa y amada patria.

Corría el año de 1929, a un año de los tristes sucesos del año 1928, cuando en febrero, en pleno carnaval guayreño, tuvimos que abandonar, corriendo y aterrorizados la placita Libertador, todos los que estábamos disfrutando de las fiestas por la tarde, pues los chácharos de la policía asaltaron la plaza, buscando revolucionarios anti-gomecistas. Ese día hicieron preso al señor Carlos Lemoine, Elías Pérez Sosa, Julio Hoffman, Eduardo Recagno, Ciro Caballero, Tomás Rivas, Gabriel Elster, Alberto Winckelman, Rafael Ibarra (el Chingo), el obrero portuario Doroteo y Carlos Medina. El señor Carlos Lemoine era padre de Esther, una compañerita del colegio San José de Tarbes, quienes fueron además nuestros vecinos, y eso me afectó bastante.

Pues bien, el 17 de mayo de 1929, mis hermanitas Ligia, Irma, Elba y yo estábamos dándonos un delicioso baño en el estanque del patio de nuestra tía Chana, cuando vinieron a decirnos que nos vistiéramos rápidamente, que nuestra madre nos llamaba. Las dos viviendas, una al lado de la otra, se comunicaban por los balcones que daban al río Osorio, los cuales nuestro padre había unido. A él le encantaba carpintear y mientras trabajaba, se distraía cantando tonadas de su vieja Andalucía, que me encantaban y no se me han olvidado todavía.

Nos vestimos con premura y al llegar a nuestro hogar vimos que estaba lleno de gente amiga, que habían ido, solidarias, a acompañar a nuestra madre, al tener la noticia de que por orden del prefecto, que en esos momentos era el doctor Luis Godoy, había sido preso nuestro padre; pero que se tenía la esperanza de que lo soltarían enseguida, porque era para unas averiguaciones. Supimos mucho después, porque mi padre lo guardaba en secreto, que el se reunía con el señor Ciro Caballero, el farmaceuta señor Osío y los jóvenes Salvador Badillo, hijo y César Almaral, hijo del apreciado doctor César Almaral, no sé si otros, en un ático de la farmacia del señor Osío, a escribir manifiestos en contra del general Juan V. Gómez y su gobierno, los cuales eran introducidos por debajo de las puertas de las casas de comercio de La Guayra, por los dos jóvenes, a media noche, para levantar los ánimos que estaban adormecidos. (Esto no lo descubrió la policía). Luego pasados unos cuantos años, en 1944, cuando gobernaba el general Medina Angarita, el señor Jesús Aveledo Ostos fue nombrado jefe del Archivo Nacional y buscando en los de La Guayra, encontró que nuestro padre había sido preso, debido a que un señor que vivía en el Ceibo, en Macuto, el cual no nombro por consideración a su familia, le había denunciado de haber vendido un revólver, cosa que no pudo ser comprobada; pero aunque así fue, arbitrariamente y por denuncia simple, lo exiliaron por cuatro años, lejos de su esposa y de sus hijas, sin compasión.

Volviendo atrás, el día que apresaron a mi papá yo tenía siete años y medio, era la mayor de mis hermanas y super sensible y cuando a las seis de la tarde de ese 17 de mayo fatídico, el secretario de la prefectura, nuestro amigo y vecino, señor Reverón, vino a comunicarle a mi mamá que no lo iban a libertar ese día, que hasta nuevo aviso quedaría recluido en la policía y que debía mandarle ropa de vestir y de cama, ella hizo una exclamación a Dios con los brazos en alto, llorando. Yo, que la había seguido al cuarto, creí que se moría y salí despavorida de mi casa, hacia arriba, corriendo sin rumbo alguno, porque mis familiares más cercanos, después de la muerte de mi padrino, don Celedonio Pérez, se habían ido a vivir a Caracas.

Mientras corría, me alcanzó Pedrito Linares, quien era amigo de mis padres desde la infancia y estaba en mi casa. Al verme salir corriendo me siguió. Cuando llegó a mi lado, me preguntó qué me pasaba. Yo le dije: ¡Mamá se está muriendo y no quiero verla muerta! Él me contestó: ¡No, ella está viva, yo la acabo de ver! Pero yo no le creí. Me llevó a su hogar y al lado de él y de su esposa Carmen, dormí en la noche. No quise comer antes de acostarme pensando en mi mamá y en mi papá, y al día siguiente, temprano, Rosita Badillo, ahijada de mi padre, trató de convencerme de que mi madre no había muerto y me llevó a duras penas a mi casa pero yo no me atrevía a entrar, hasta que mi mamá ya avisada, salió a recibirme y entonces si me convencí de que estaba viva y fui corriendo a besarla y a pedirle la bendición. Yo era muy apegada a ella y pensaba que si moría, también me moriría.

Pasamos tres meses que se nos hicieron muy largos pensando que a mi papá podrían ponerlo en el cepo por las noches y pegarle, como lo hicieron con otros presos políticos, a quienes los flagelaban y después les echaban sal en las heridas para que no pudrieran. Todos los días iba a verlo por la mañanita, antes de ir al colegio, con la abuelita Juana a quien queríamos como si lo fuera, a llevarle el desayuno. Mi papá estaba recluido en un cuarto de cuatro metros de largo por dos de ancho, junto con tres personas: el general Ramos, el señor Enrique Chaumer y el señor Acosta.

Como todavía no se había nacionalizado, porque él era andaluz, el cónsul español, Leopoldo Pérez Díaz, actuó en su defensa y en virtud de que los gomecistas no le pudieron comprobar nada, en vez de ir preso a la Rotunda en Caracas, el cónsul pudo conseguir que lo exilaran para las Antillas.

El día que salió para el exilio en Curazao, en el mes de agosto, mi estado anímico no me permitió ir a despedirlo. Por nada quise verlo partir, no me sentía capaz de decirle adiós. Nuestros vecinos, esposa e hijos del coronel Angulo, jefe de la plaza de La Guayra, me llevaron a su casa donde estuve muy triste, hasta que regresó mi mamá de los muelles y me mandó a buscar.

En diciembre de ese año me mandaron con la familia Ernst a visitarlo en Curazao. Pasé dos meses con él en casa de los Ernst, buenos amigos y en donde mi papá trabajaba, en una fábrica de cola, de la cual eran dueños y ahí me sentía feliz, viéndolo todos los días, durante los cuales en su tiempo desocupado, me enseñó a conocer el reloj. Me llevaba a visitar a sus amistades y les decía con orgullo que yo recitaba en francés y en español y a mi me encantaba hacerlo, para complacerlo. Recuerdo que en un acto cultural que hicimos en la casa de una familia curazoleña-venezolana, recité "Vuelta a la Patria" de Pérez Bonalde. Mi papá me inscribió en el colegio de las monjas de San Martín, que estaba situado frente al puente movedizo "Reina Guillermina", en otra banda, en donde él hubiera querido que me quedara estudiando, porque ahí, desde pequeñas, se aprendían varios idiomas: holandés, francés y español, además del papiamento; pero las hermanas del San José de Tarbes de La Guayra le pidieron a mi mamá que me trajeran para hacer mi primera comunión y me volví a Venezuela. Sólo Dios sabe cuánto sufrí al dejar a mi padre, como lloré en el barco durante toda la noche, que pasé en vela. Eso pasó en febrero de 1930, cuando ya había cumplido los ocho años.

Llegó el momento de mi primera comunión, que fue el 19 de marzo siguiente y mientras mis compañeritas estaban felices, yo añoraba a mi padre y aunque hacía esfuerzos para no llorar, lloraba. Por eso cuando oigo los cánticos que me recuerdan mi primera comunión, siento una profunda tristeza. Por culpa de una injusticia, en vez de ser el día más feliz de mi vida, fue mi día más triste. Oir música me hacía daño. Yo había sido una niña alegre, pero me transformé en una niña triste, mientras duró la ausencia de mi padre, por cuatro largos años. Cuando al fin volvió como no había muerto el general Gómez todavía, siguieron las angustias, creímos que de un momento a otro podrían nuevamente apresarlo. Como siempre hay almas buenas y por eso uno no debe desesperarse, las hermanas del San José de Tarbes le dijeron a mi mamá que a la menor sospecha de que esto pasara, se fuera mi padre para el colegio que ellas atravesarían la bandera francesa a lo ancho del suelo del zaguán y la policía no podría pisarla y entonces llamarían al cónsul francés, señor La Roque y él lo sacaría del país. Eso nos tranquilizó un poco, hasta que al fin murió Gómez y fui feliz otra vez, nos volvió la paz perdida hacía tanto tiempo.

Es por esta razón, por lo que sufrí durante la prisión y el exilio de mi padre, que cuando oigo a alguna persona decir, que estuviéramos mejor en una dictadura, me río de su ignorancia y me indigno y pienso, en como se nota que no han vivido en carne propia los sinsabores y amarguras que pasé en esos días inocentes de mi vida, en La Guayra, frente al mar, símbolo para mí de libertad infinita, y por eso pido a Dios que ningún niño tenga que sufrirlo jamás.

¡No hay nada como la libertad! Es mejor vivir libres, que encadenados y es mejor poder decir a los cuatro vientos lo que sentimos, que tener que pensar en que no se puede hablar, porque las paredes tienen oídos, como nuestra madre, temerosa en esos días, hasta de su sombra, siempre nos advertía y nos aconsejaba que, al preguntarnos alguien sobre cualquier cosa de nuestro padre, fuera lo que fuera, contestáramos con un "no sé" rotundo. ¡Así de fácil y de terrible también!

Caracas, 1 de abril de 1990.

183

A MI MADRE Y A TODAS LAS MADRES GUAYREÑAS

Mi madre para mí, era un poema
un poema de amor y de ternura,
ella no sabía de rimas, ni de versos,
pero llenó mi alma de gozo y de ventura.

Sin ella, mi vida hubiera sido una tristeza
¿cómo hubiera podido vivir,
sin la dulce madre mía?

En mis años infantiles y
en mi tierna juventud, pensaba,
que de morirse ella, yo me moriría;
mi vida no sería nada, sin la suya;
pero Dios, apiadándose de mí,
me la dejó hasta ya muy viejecita,
y la pude cuidar hasta su muerte,
hasta cerrarle sus ojos
y velar su sueño,
tratando de imitar un poco,
las noches que sin dormir, pasó por mí.

Era la madre que anhelamos todos,
la que al lado de sus desvelos y cariños,
a ser buenos nos enseña, nos corrige
y guía, por todos los senderos de la vida,
enderezando el arbolito tierno,
que de no ser por ella, crecería torcido.

¿Quién como una madre, para el hijo bueno,
para el ingrato, el enfermo, el descarriado?

A ella nada le importa, todo lo perdona,
y al hijo pródigo, en su regazo, acuna,
una y otra vez, sin esperar nadita,
ni amor, ni besos, ni cariños,
ni recompensa alguna.
Con el amor que ella siente por él
dentro de su alma, solamente le basta.

¡Benditas sean todas las madres
de la tierra,
las madres viejecitas, sobre todo,
en quienes siempre veo
a mi buena madrecita,
a la dulce y santa madre mía!

Caracas, 7 de mayo de 1990.

¡POBRE GUAYRA MÍA!

A un año justo de cumplir tus 400 años, todavía esperas con estoicismo heroico, la mano amiga que te saque del marasmo cruel al que te encuentras sometida desde hace tantos años, sin que nadie se apiade de ti, ni por un instante.

Solamente se oyen las voces plañideras de los que conocemos tu valor histórico, tu valor artístico y turístico y te queremos tanto y que se dejan oír día tras día, sin encontrar para tu mal, respuestas.

Tus calles, tus aceras, tu río Osorio descuidado, porque los que viven a su orilla no lo quieren y lo ensucian más y más todos los días, porque no hay autoridad que los castigue; tus tejados coloniales, que ponen la nota bella de La Guayra son violados por los que lo hacen, insensatos, para montar en ellos tarantines, sin que los comisionados para la conservación del casco colonial, como monumento histórico, se conmuevan en lo más mínimo. Tu vigía, tu fortín, tu polvorín y tu ermita, hermosa, vigilante, valiente y orgullosa de ser uno de los símbolos más amados de tu tierra, inspiración de pintores de todas las épocas, que graban en sus lienzos una y otra vez su sencilla belleza; espera estática, impertérrita, erguida todavía, la caricia de los que tienen el deber de enderezar su entuerto.

¿Hasta cuándo podrás esperar de esa manera? Maltratada, vejada, tu reloj sin poder dar las horas y tus campanas mudas, como si estuvieran muertas?

Solamente las golondrinas estarán felices de poder anidarse bajo el techo de tu torre bella, mientras los demás sufrimos la congoja de verte padecer día tras día, sin que de tus males nadie se enternezca.

Vendrá muy pronto el 29 de junio con la misma cantinela. Habrá orador de orden, exposiciones y muchas otras cosas, porque los guayreños queremos realzar tu cumpleaños, tus cuatrocientos un años y tú mientras tanto, allá en El Carmen, desde las alturas, reirás de lo lindo, pensando: "Tanta vanagloria, tanto halago, tanta palabrería y todo en vano".

Así dirán La Guayra y su ermita, al ver que, de verdad, verdad, ni con el pétalo de una rosa, las acarician.

Caracas, 9 de junio de 1990.

186

EL BOULEVARD OSORIO EN LA GUAYRA

Siempre y durante toda mi vida, he creído y estoy más que segura de que los guayreños hemos sido irreverentes con don José María España, nuestro gran precursor, nacido en La Guayra, en la colonialísima calle de San Francisco, en el N° 9.

Se le han hecho los honores, como debe ser, al Libertador; se han llevado a cabo, sin fin de reconocimientos a don José María Vargas, muy merecidos por cierto; a don Carlos Soublette, a don Diego de Osorio, a don Pedro Elías Gutiérrez; pero nunca se le han rendido los honores que se merecen con creces, a nuestros dos insignes compatriotas: don José María España y don Manuel Gual, dos mártires que no se pueden olvidar y quienes en compañía de otros hombres distinguidos de La Guayra, redactaron una constitución, que para esa época, era extraordinaria, donde se decretaba la libertad de todos, negros, blancos e indios, con iguales derechos y condiciones para todos los habitantes de nuestra patria.

Pues bien, ahora se piensa hacer un boulevard con el nombre de Diego de Osorio, y yo me pregunto: ¿Por qué en vez de llamarse así, no se le llama de "Los Ilustres", e incluyen ahí a José María España y a Manuel Gual, con sendas estatuas que recuerden a estos dos grandes hombres pro-independentistas y patriotas, que lucharon por sus ideales, hasta morir vilmente asesinados y escarnecidos su esposa, sus hijos y hasta sus criados y su casa?

¡Ya muy cerca del lugar donde piensan hacer el boulevard están el general Miranda y el general Soublette! ¿Por qué los arquitectos encargados de la obra no inventan algo para que ahí, en el altar de la patria, estén todos reunidos? Porque a España hay que colocarle en un lugar de primera en La Guayra, el lugarcito lindo y bello que lo vio nacer y en donde hay que recordarlo primero. ¿O es quizás, que porque se murieron jóvenes, sin poder llevar a cabo sus grandiosas intenciones, no tienen derecho a ser exaltados como merecen?

¡Periodistas guayreños, si están dormidos, despierten y eleven su voz ante una verdad digna de ser tomada en cuenta! Hablemos a tiempo y con fuerza para que nos oigan y nos respeten, los que tienen el deber de cumplir con estas cosas: el ciudadano gobernador, el señor alcalde, los concejales, el presidente del Centro Simón Bolívar y la comisión encargada de realizar la obra.

Caracas, 30 de abril de 1990.

A LOS PADRES EN SU DÍA

¡Padre mío! en mi casa
eras tú el soberano,
eras el rey.
El pilar de tu hogar,
el que cuidaste celoso
de tus hijas y tú esposa,
dando ejemplo digno
de maestro y guía.

Siempre recuerdo
las bellas máximas
que en enseñarnos
te esmerabas,
haciendo de nosotras cuatro,
el modelo de hijas
que querías: dóciles
diligentes, estudiosas
y amorosas para ti, toda la vida.

Nunca olvidaré tus lecciones,
padre mío:
"Niñitas, levántense temprano,
que el que así lo hace,
agua clara recoge sin tropiezo".
"No teniendo riquezas materiales
que ofrecerles, sólo sabiduría
puedo darles". . .
"Estudiar, estudiar,
esa es la meta,
para que puedan defenderse
en el futuro,
sin tener que depender
de nadie, si la suerte
les depara un mal esposo"...

"No se abatan jamás
en la desgracia
que a veces la vida

pueda repararles"…
¡Sean valientes, aprendan a luchar
y a defenderse sin vacilar
ni un momento! ¡Siempre fuertes
y adelante!

Respeten a sus padres,
a sus mayores,
siempre invoquen a Dios,
en las malas y en las buenas,
y caminen jubilosas
por la vida,
siempre esperando lo mejor de ella,
con optimismo y verán que todo
les saldrá a pedir de boca,
como lo desea su padre, ansiosamente.
Siempre a mi padre
he de recordar,
como el padre más bueno
de la tierra;
el que luchó por darnos amor,
educación; el que nos enseñó
a amar a la gente, a la familia,
y a respetar a Dios.

Gracias padre mío
por lo bueno que fuiste con
nosotras,
quienes nunca podremos olvidarte
y que te bendeciremos
desde el fondo de nuestra alma,
hasta la eternidad.

¡Bendito seas, padre mío
y en tu nombre,
benditos sean todos
los padres buenos de la tierra!

Caracas, 8 de junio de 1990.

EL CARDONAL DE LA GUAYRA

El Cardonal y Punta de Mulatos formaban la parroquia Libertad de la ciudad de La Guayra, la cual estuvo dividida en tres parroquias: Sucre (parte alta), Bolívar (parte baja) y el Cardonal y Punta de Mulatos (la Libertad).

El Cardonal comienza por el este, en la quebrada de Germán y por el oeste, colinda con la de Cariaco. Como lo indica su nombre, en su principio los cardones crecían silvestres en su suelo, era un verdadero Cardonal, el cual sirvió, quizás por ser un paraje solitario, para hacer castigos y fusilamientos a los patriotas. En el Cardonal vivió María Isabel Gómez con su hijo, Manuel Carlos Piar, quien después fue fusilado por haberse rebelado contra nuestro Libertador, en Ciudad Bolívar.

El Cardonal está situado en un lugar completamente plano. Tiene tres calles principales: la calle de Adelante, la del Medio y la de Atrás, y otras más.

En el Cardonal existe una capilla que se llama La Soledad de María, la cual empezó a construirse en 1857, pero solamente pudo ser terminada en 1874. La primera capilla, de una nave, fue destruida por el terremoto de 1812.

En su libro "La Guayra Histórica", el señor Rafael Martínez Salas dice que se ha señalado al "Maestro Mundo", Edmundo Iribarren, como autor del himno que siempre se ha cantado en esa iglesia: "Oh María tu Asunción a los cielos, llena el alma de muy clara esperanza".

En el Cardonal existían alrededor de 200 familias, que para los años 30 al 40 y pico, según yo recuerdo, eran entre otras, las siguientes: Los Macareno, Melgarejo, Rodríguez Mago, Rosas, Chávez, Sagessi, Marín, Fajardo, Corrales, Clarc, Santana, Miranda, Artiles, Bravo, Ardiz, Alfonzo, Acosta, Giraud, Martínez, Padrón, Flores Guédez, Rodil, Meneses, Rodríguez Guédez, Mercader, Rangel y las que no vienen a mi memoria y les doy mis excusas por eso.

Entre las personas que se han distinguido en el Cardonal, están: el profesor Alfredo Bruzual, quien prestaba el colegio para que los jóvenes pudieran hacer en él actos culturales y deportes.

El profesor Leo Vázquez como guía y consejero del conglomerado estudiantil de la parroquia.

Oscar Martínez, locutor, actor, declamador, cantante muy querido de todos los venezolanos, quien cuando todavía podía dar mucho a su tierra, perdió la vida en un terrible accidente, donde también desapareció toda su familia. Junto a la placita de la iglesia, vivió su infancia este personaje inolvidable. Yo estaba en Texas, Estados Unidos, cuando recibí esta infausta noticia, que me conmovió inmensamente. Todavía recuerdo con cariño, el bello papel que desempeño con el personaje de Renzo el Gitano, novela que como pocas, conmovió al pueblo nuestro.

Muchos son los profesionales nacidos en el Cardonal, entre ellos, Benjamín Chávez, médico, Enrique Chávez, y el abogado Sebastián Artiles, etc.

En la música, Luis Santana, quien grabó con los Tucusitos la canción: "Desde una capilla que dejó de ser rústica" y varios discos, de los cuales recuerdo dos: "Un canto a La Guayra" y "La Guayra a sus 400 años".

Fernando Vázquez quien tocaba el órgano en su iglesia y en Maiquetía, de una manera muy sublime. Era ciego de nacimiento, defecto que llevaba con estoicismo. Era hombre de mucho valor espíritual y por eso fue muy querido por todos.

El Cardonal tiene su grupo escolar "República de Panamá", el cual cumplirá próximamente 50 años.

También ha tenido el Cardonal sus personajes populares que fueron: La señora Rosa y su hijo, cacharrita; los cómicos Giselo y Silvio Sanz, el sastre, quien confeccionaba los disfraces que se ponían ambos para sus actuaciones.

Muy queridos también, Pedro León (comerciante) 50 años vendiendo al detal. Los hermanos Fuentes, casi 60 años en la bodega El Tamarindo. Carlitos González, dueño de la funeraria desde hace mucho tiempo.

Confieso que habiendo vivido 16 años de mi vida en La Guayra, solamente fui cuatro veces al Cardonal. En ese tiempo vivíamos una vida muy conservadora, para salir necesitábamos de la compañía de nuestros mayores y esto a veces era imposible. Una vez fui a visitar a la familia Corrales, en otra oportunidad visité a mis compañeras del colegio San José de Tarbes, Aura Elisa Rodríguez y a Romelia Macareno, en ocasión de darles un pésame; cuando tenía apenas diez años fui a buscar un perrito, que se nos había desaparecido y la familia que se lo encontró, vivía en el Cardonal y no nos lo quiso devolver y la última vez, al entierro de nuestra buena amiga Sixta.

Varios de los datos aquí expuestos los debo al escritor señor Rafael Martínez Salas, cronista de La Guayra y al compositor, poeta y músico del Cardonal, el simpático, ecuánime, preocupado y fervoroso defensor de nuestra bella Guayra, Luis Santana. Honor a quien honor merece. En resumidas cuentas, en el Cardonal existía una sociedad bastante balanceada, laboriosa; en donde muchos se distinguieron por ser buenos músicos y buenos deportistas.

Caracas, 12 de agosto de 1990.

MACUTO, PLAYA Y BALNEARIO DE LOS GUAYREÑOS

Según don Arístides Rojas, Macuto fue fundado el 24 de agosto de 1740, el día de San Bartolomé, su patrón, en el lugar donde estuvo situada la aldehuela del indio Guaicamacuto. Para esa época era gobernador y capitán general don Gabriel de Zuloaga y Castellano.

Guaicamacuto se hizo católico y abandonó el nombre de Guaica que significaba "guerrero" y se dejó el de Macuto, que significaba cesto, canasto y por eso Macuto tomó el nombre. Dicen que Guaicamacuto se llamó desde entonces Juan Macuto. Este cacique en combinación con Urimare, una india oriental, salvó a La Guayra de la invasión de los holandeses.

También se ha dicho que Macuto fue uno de los primeros pueblos en respaldar el movimiento del 19 de abril.

La primera iglesia de Macuto fue fundada en 1772 con el nombre de San Bartolomé y destruida luego en 1812. Después se hizo un templo que duró hasta 1845. El actual templo data de 1954 y fue construido debido al tesón del padre Carlos Bretón, párroco de la parroquia.

Macuto, en 1846 pertenecía al cantón La Guayra y tenía el caserío El Cojo y las labranzas de Galipán.

Los baños públicos se hicieron en 1877 y habiendo quedado inservibles, se hicieron baños nuevos en 1885. Estaban divididos, un lado para las mujeres, uno para los hombres y fueron construidos en la época del general Joaquín Crespo y el ex-presidente Antonio Leocadio Guzmán.

El poeta Andrés Mata, enamorado de Macuto, y después de un fracaso amoroso que tuvo, sembró la placita de palomas para que vivieran en la mayor comunidad con el hombre. Cuando había un niño enfermito y débil, los pichones de palomas de Macuto, eran buscados para dárselos como alimento maravilloso.

Macuto ha sido siempre un lugar bello, encantador, proclive para las vacaciones y el disfrute del alma y del pensamiento. Sus frondosos árboles, sus uveros, sus clemones y sus flores, hacen de él, un lugar para el descanso, fresco y acogedor. ¡Cuánto añoro las horas pasadas frente al mar, en la serena contemplación de su belleza!

Su bello paseo a orillas del mar, reformado por el presidente Raúl Leoni, pasó a ser uno de los más bellos atractivos de ese pueblo. Infinidad de personas se han sentado bajo sus árboles y admiran el mar y la naturaleza. Ha inspirado a poetas, como Andrés Mata; a escritoras, como Teresa de la Parra; a músicos, como Pedro Elías Gutiérrez, quien exhaló su último suspiro en Macuto; a Reverón que aprovechó su luz hasta que pudo, para pintar sus bellas playas.

Macuto, en el período de Wolfgang Larrazábal fue capital de la República, cuando la invasión de Castro León.

En Macuto existía un río caudaloso y precioso, donde muchos se bañaban para quitarse la sal del mar. Ahora es una quebrada sin sanidad alguna.

192

El hotel Miramar, pura tradición para nosotros, fue construido por el señor Alejandro Chataing e inaugurado en febrero de 1928. Está en decadencia, como todo en el Litoral. El periódico Órbita empezó una campaña loable para ver si el gobierno lo arreglaba, pero desgraciadamente el semanario tuvo que cerrar su circulación tempranamente.

Tacoa fue el cuidador de los baños de Macuto; Quintín Longa, el salvavidas; Eladio Luyando, dueño del bar Edén en la estación del tranvía en Macuto, los tres muy apreciados por la gente de ese pueblo. Este último recibía las palomas que le mandaba el poeta Andrés Mata por ferrocarril desde Caracas y las llevaba a los palomares que poco a poco fueron construyendo en la nombrada placita de las palomas. En el año de 1935, le hicieron un homenaje al general Gómez en Macuto y los niños de los colegios tuvimos que asistir al desfile, se puede decir que obligados, ya que las directoras advertían que serian expulsados del plantel los que dejaran de hacerlo. Entre los que no deseábamos ir, estábamos mi hermana Ligia y yo, pero tuvimos que ir y para que más nos doliera, tuvimos que cantarle su himno, completito. Todavía recuerdo buena parte de su letra. Lily La Roque fue la encargada de entregarle el ramo de flores que le enviaron las escuelas. Los barcos de guerra hicieron una bella demostración con fuegos artificiales por la noche.

Deseo aquí recordar algunas de las familias que para la época vivían en Macuto: los Wallis, los Vockerodt, los Moreau Meyer, los Álvarez Díaz, los Uslar, los Castillos Peña, los Guédez, los Fernández Rondón, los Torres y tantas otras que me es imposible recordar.

Los paseos a Macuto, que hacíamos de vez en cuando, los picnics debajo de los uveros ante la presencia de nuestro bello mar, las retretas a la luz de la luna, por las noches; el descendimiento de la cruz a que asistíamos los Viernes Santos por la tarde, disfrutando de la bellísima voz de nuestro tenor Crisanto Marqfoy, mientras entonaban el "Quiero tu cruz, Señor", hacen que no olvidemos jamás a tan especial pueblo y que lo recordemos con mucho cariño.

Caracas, 16 de agosto de 1990.

LA GUAYRA, SUS DUENDES Y SUS LEYENDAS

Transcurrían los años de mi infancia y luego los de mi adolescencia, allá por los años 27 y 35, cuando en La Guayra antañona, por ser viejita en años y por sus bellas costumbres antiguas, conservadoras al máximo y sanas, de noche después de haber rezado el "Ángelus" acompañando a nuestra madre, a las seis de la tarde y luego de haber comido frugalmente, porque las niñas de mi casa así lo hacíamos, íbamos a jugar en la calle empedrada todavía, desnuda de tráfico, virgen de esas molestias. Jugábamos a la vieja, podré, brincábamos mecate, treinta y uno; hacíamos ruedas y cantábamos arroz con leche; la pájara pinta, la candelita, gárgaro malojo, que te pica el ojo; el ratón y el gato y a la guerra.

No jugábamos al escondido por las noches, porque nos podía salir en la obscuridad, la mano peluda y nosotros lo creíamos.

Otras veces, nos acercábamos a oír, extasiados, los cuentos fantásticos que nuestros mayores y sus amigos de la cuadra, sentados a la puerta, para vigilarnos y a la vez para respirar el aire fresco de la noche, contaban. Eran cuentos de muertos, aparecidos, tesoros encontrados mucho tiempo después de la huida de los españoles al Decreto de Guerra a Muerte, cuando muchos de ellos enterraron su dinero, que era casi siempre oro y marcaban el sitio, con alguna señal, con la esperanza de poder recuperarlos algún día. En La Guayra se enseñaban con el dedo, a algunas de las personas que tuvieron la dicha de encontrarse una botijuela llena de monedas de oro. Mis padres supieron de fuente muy digna de crédito, de una familia emparentada con primos nuestros, quienes se fueron para Canarias a hacerle las 21 misas a San Gregorio, en acción de gracias después de encontrado el tesoro. Muy querida de nuestra familia la persona que lavó las monedas y a quien no le regalaron ni una. Estos hallazgos se guardaban en silencio, porque si las autoridades lo descubrían las obligaba a entregárselos. En La Guayra decían que una familia muy conocida del puerto se había sacado siete entierros, utilizando el espiritismo para eso. No sé que tendrá de cierta esta aseveración.

En mi casa, nuestra buena María, quien fue como una tía muy querida para nosotros, creía en todo lo que le decían de esas leyendas agoreras que casi siempre pronosticaban cosas fatídicas, por lo común, en combinación con el enemigo malo, el maligno, Belcebú, que así también se llamaba al diablo. Menos mal que años más tarde aprendí una poesía que se llamaba "El Diablo" y esto hizo aminorar mi aprehensión sobre ese tenebroso personaje. María era sumamente supersticiosa y nos transmitía a nosotras sus traumatizantes creencias. Decía que salir con pie izquierdo de la casa era malo; que al caer aceite en el suelo, debía echársele sal inmediatamente para contrarrestar los malos efectos que esto ocasionaba; lo mismo sucedía si se derramaba tinta; que devolverse, después de haber salido, era pavoso. Cuando se iba la luz y si alguno salía a la calle con velas encendidas, era signo de muerte segura. Por las noches cuando algún pájaro nocturno se le ocurría pasar por encima de la casa y emitía un silbido hacia adentro, ella nos decía muy segura: ¿Quién ira a morir? Acaba de cantar el chupa-huesos. Vamos a hacer la guiña y hacía una señal con dos dedos, para que nosotras la repitiéramos y así contrarrestar el daño que nos vendría con seguridad. Cuando la pavita, un pajarito de la familia de las lechuzas emitía su melancólico y repetido canto, nos decía: "niñitas, bájense del trapecio y entremos ligerito a la casa, que ya está cantando ese pájaro de mal agüero", y nosotras obedecíamos ipso-facto. Una vez que veníamos de Maiquetía de visitar a nuestras amigas, las Penso, alguien me regaló un pajarito en el autobús. Al pasar por la plaza Vargas, orgullosa y mona con mi animalito, un señor me dijo con mucha seriedad: "niña, bota ese animal, pues es una pavita, un pájaro anuncia muerto". más rápido que inmediatamente lo deposité sobre la grama y enseguida pensé, que mi hermanita Ligia, que en esos momentos estaba muy enferma, se nos iba a morir, pues nos lo hacían creer así, ya que eso era "voz populi", se creía a pie firme. Recuerdo que como una maldición terrible, al sacar de su casa a nuestro amado prócer guayreño, don José María España, a su esposa, hijos y sirvientes, antes de cerrarla, le echaron sal y agua, como la cosa más vil.

"La Llorona" era una mujer larga y flaca, vestida de blanco, que lloraba con unos lamentos impresionantes, de noche, por las calles, porque su hijo se le había muerto. "La Mula Maneada" arrastraba una carreta que hacía un sonido lúgubre contra las piedras de la calle. ¡Cuántas noches corrí a la cama de mi madre, porque oía ruidos que podían ser el de la Mula Maneada! Si hasta nos dormían con un arrorró que así decía: "duérmete mi niña, duérmete ya, que ahí viene el coco y te comerá, o algo más suave, te llevará" ¡Cómo sufriría mariquiya yo, como llamaba mi padrino a María, con estas cosas en su cabeza! Viviría muriéndose de angustia…

En casi todas las casas colocaban en el zaguán, además del santo de la devoción, una matita de sábila y casquillo acompañada de la oración de San Marcos de León, el que amansaba los corazones.

También había la creencia de que San Antonio tenía la facultad de conseguir novio a las muchachas y no hubo pocas, que lo bañaban, lo pelaban y luego ponían al pobre e inocente santito, viendo hacia la pared, hasta que les conseguía el deseado novio.

En lo que se refiere a las leyendas de los aparecidos, la Sayona, la Llorona, la Mula Maneada, etc., creo que fueron cosas que heredamos de generación en generación y que eran, en la mayoría de los casos, originados por la falta de luz en las calles de todas las ciudades. Cualquier ocioso se vestía de Sayona, con un traje largo y una sabana blanca suspendida de una verada larga, dando alaridos a média noche y atemorizaba a las gentes y esto quedó firmado y refrendado para la posteridad. Los niños de ahora, no creen ni en el diablo, ni en nada por el estilo, es otra época.

Nuestra madre nos contaba que en su tierra, allá en Canarias, en los tiempos de la vendimia, una vez unos cuantos sinvergüenzas se vestían de largo, con una sábana guindando de un palo, que los arropaba, tocaban unas campanitas a média noche, a pleno campo, e iban cantando un canto lastimero que decía así: "antes, cuando éramos vivos, andábamos por estos caminos, ahora que somos muertos, andamos por estos desiertos". Los campesinos atemorizados porque creían que eran las ánimas, no se atrevían a salir a ver que pasaba y entonces los hombres, quienes eran unos ladrones consumados, les robaban todas las uvas de la cosecha, hasta que un día, un valiente se quedó escondido para ver lo que pasaba y al darse cuenta, avisó a los otros campesinos y entre todos les dieron una buena paliza y se terminó el cuento.

Supongo que han disfrutado leyendo las pequeñas cosas que hacen la historia de nuestro pueblo, La Guayra bella y buena e ingenua de aquellos tiempos de mi infancia.

Caracas, 17 de octubre de 1990.

LA PRENSA GUAYREÑA

En el año de 1845, los señores Baldomero Rivodó e Isaac Pardo, instalaron la primera imprenta en la ciudad de La Guayra. Desde entonces empezaron a publicarse en el puerto los diferentes periódicos, que el señor Casto Fulgencio López, en su libro "La Guayra, causa y matriz de la Independencia Hispanoamericana", describe así: "Artículos de Eloy G. González, Felipe A. León y otros nos han servido de base para formar la siguiente lista de los principales periódicos publicados en La Guayra desde 1845, hasta los años 40 de este siglo":

"El Vigía".............................. Baldomero e Isaac Pardo - 1845
"El Comercio" .... Diego V. Daly - 1859
"Diario del Comercio"............ Hermanos Pumar - 1861
"Lectura para todos".............. 1873
"Diario de La Guayra" .... Juan Francisco Hernández, Pedro
                                    Obregón Silva, Selim Bottaro,
                                    Luis Ramón Guzmán, Castro Ramón López
                                    (en distintas épocas) de 1879 a 1899.
"El Guay".............................. E. Benítez - 1878
"La Revista Comercial".......... Antonio V. Linares - 1886
"La Estudiantina" .... Manuel María Villalobos
"La Enseñanza Republicana".. Alejandro Romance - 1889
"Pedro Grullo"....................... Luis Ramón Guzmán - 1890
"La Reforma Farmacéutica". Luis Ramón Guzmán - 1890
"El Jornalero" .... Jesús Buttó - 1891
"El Gigante" .... Casto Ramón López - 1893
"El Pueblo............................. Casto Ramón López - 1895
"El Heraldo" .... Rafael Echarres - 1895
"El Anunciador" .... Semanario de intereses generales,
                                    Domingo Mendoza Prieto - 1896
"La Independencia" .... Jorge Arrillaga R. - 1897

En los primeros cuarenta años del siglo han sido editados varios semanarios y revistas literarias, según el señor López:

"El Mutualista" .... Rafael Martínez Salas
"El Ribereño" .... Fabio Bocanegra y el doctor
                                    Eudoro Olivares Carías
"Azul" .... Elías Pérez Sosa
"Germinal", "Litoral",
"Claridad" y "Normas" .... Jacinto Egui

"Acantilados"	José Porras y Enrique E. Lizarraga A.
"Labor "	Emilio Gimón Sterling
"El Esfuerzo".........................	Carlos Navarro Giral y Guillermo Estrada F.
"El Diario"............................	Erasmo J. Pérez
"Ecos del Mar".......................	Miguel A. García, Fabio Bocanegra, Sergio M. Recagno, C.A. Domínguez Rivodó, Elías Pérez Sosa, Jacinto Egui, Pedro Linares, Eudoro Olivares, Elías Ramón Giral y otros.
"Guayra" semanario	Ventura Gómez y Manuel Ramírez
"Principios"	Ventura Gómez

En estos últimos años se han editado en La Guayra, entre otros, y que ya no están en circulación:

"Prensa Guayreña"..................	Luis Pinto Pérez
"Pueblo"	Santos García Zapata
"Diario del Caribe"	Rubén Meleán
"Guayra" semanario	Oscar Daal
"Revista Progreso"..................	Alfredo Talisse
"Revista Réplica"	Señor Echeverría

Periódicos y revistas que están circulando actualmente -1989.

"Diario Puerto"	Señor Santos Rojas
"Salitre"	Aduainco
"Revista la Caracola"	Humberto Gómez
"Revista Timonel"	Ignacio Laya
"El Diario de La Guayra"	Señor Peña
"El Semanario de la Hora Feliz"...........................	En inglés y en español
"El Oráculo"	García Zapata
"Órbita" semanario	Alfonzo Velázquez, editor, 1989.

En total, 41 publicaciones entre diarios y revistas, fuera de las que por razones del tiempo pasado, se hayan podido olvidar. Por ellas podemos ver que, en las diferentes épocas ha habido bastante inquietud literaria en nuestro primer puerto.

Caracas, 5 de junio de 1989.

198

Nieves Elena B. de Rivero.

Pedro J. Linares M. Cronista Escritor.

Jacinto Egui – Poeta – Escritor.

Lucía Brewer – Hna. María Elena – Pintora.

Ligia B. de Antonorsi – Pintora.

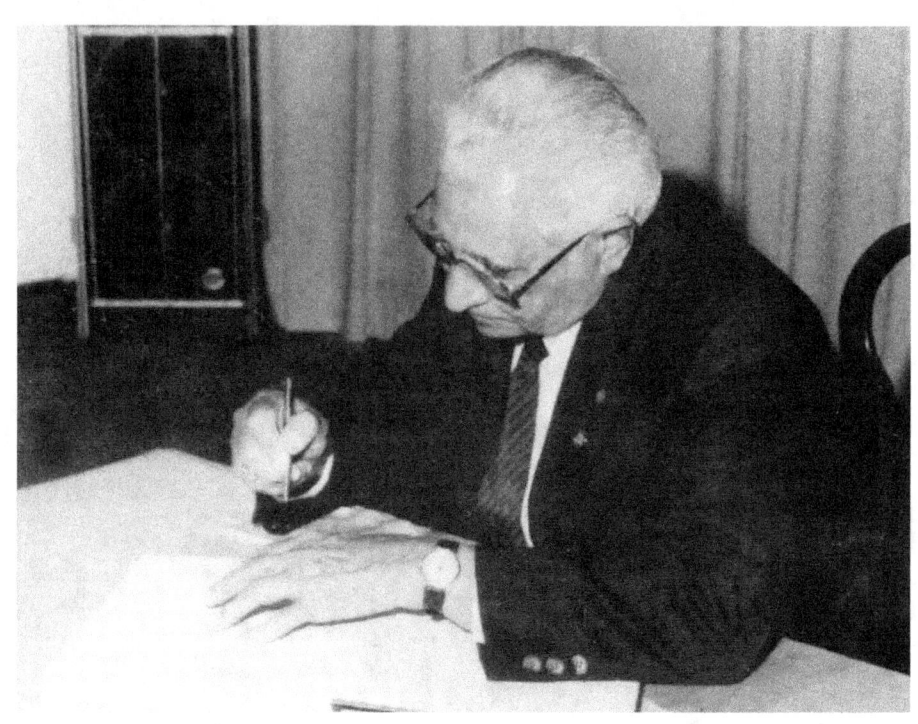

Sr. Carlos González F. – ExPresidente de la
Junta Administradora del Municipio Vargas.

Carlos Navarro Giral – Periodista.

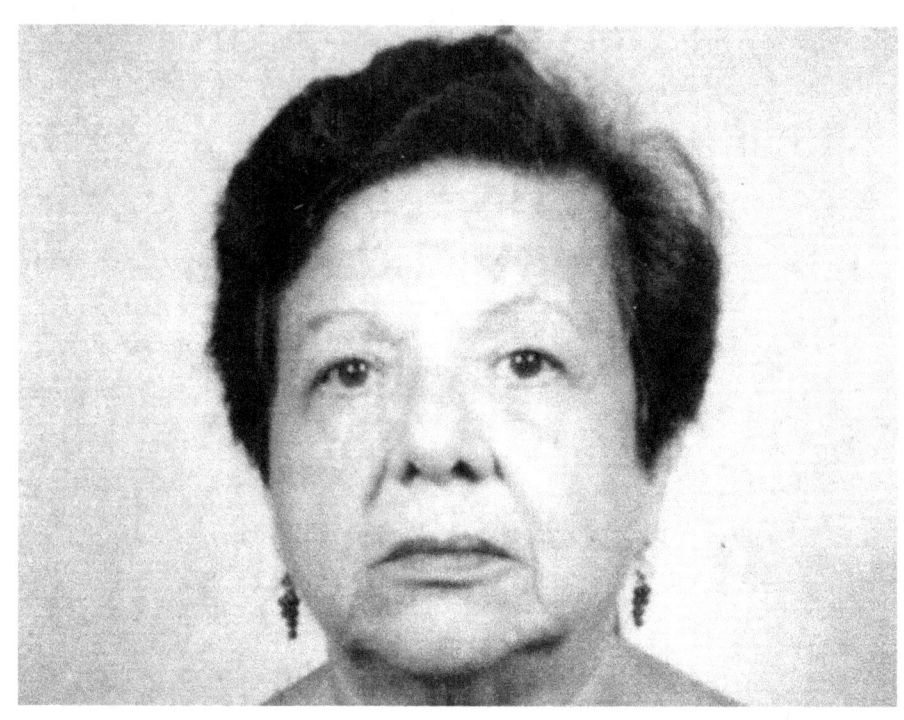

Cecilia Nahmens – Profesora.

Don Felipe Henríquez, abuelo materno de la autora, fue
Relojero de la Ermita del Carmen desde 1890 hasta su muerte.

Don Francisco Blanco Márquez, abuelo paterno de la autora,
republicano apasionado, emigró de Málaga a la Guayra en 1891.

La familia Blanco Henríquez. En la fila superior: Ramón Rivero Núñez, Irma Blanco Henríquez, Ligia Blanco de Antonorsi y Marcel Antonorsi Monserrate. En la fila inferior: Carlos Vicente Rivero Blanco, Nieves Elena Blanco de Rivero, Guillermo Ramón Rivero Blanco, Zózima Tomasa Henríquez de Blanco, Vicente Blanco Castillo, Elba Blanco de Vargas y Jesús Ramón Vargas Blanco. Circa 1949.

MISCELÁNEAS[3]

AGENTES DE ADUANA Y CABOTAJE DE LA GUAYRA AÑOS 20, 30 y 40

H. Blohm
H. L. Boulton
Salustiano Plaza
Eduardo Marturet
Pedro F. Márquez Briceño
Ernesto Krogh
Carlos Lemoine
Sergio Croquer
Valeriano Martín Pérez
Carlos Manuel Egui
Leopoldo Pérez Díaz
Fernando Franchi
Elías Delgado Casanova
Adolfo Melchert
Arturo Wallis
Celedonio Pérez Felipe
Adolfo Melchert
N. D. Dao
Corporación Pardose
Clemente García Morales
Francisco Ramón Aveledo
Pineda y Ojeda
S. Bocardo
Alejandro Rondón
(Consignación Tamayo
"Contasa")

Tadeo Ortega
José Arias
Hermanos Pérez Castro
Corporación Rincón
Ramón Penso
H. L. Wilman
Alfredo Ravard
Taurel y Cía.
Pedro Escarrá
Federico Eraso-Moreau y Machado
Carlos Escobar y Cía.
José Tomás Ravelo
Calderón y Rosas
Rolando y Monteverde
La casa Nahmens
Lorenzo Fernández
Marcos Pérez Barre
Carlos Luis Semidey
Manuel Alonzo
Juan Delgado
Ramrey y Cía.
Guillermo García
Luis Lovera Jhan
Enrique Lizarraga

AGENTES NAVIEROS DE LA GUAYRA AÑOS 20, 30 y 40

Red. D. Line
– Grace Line ………………..   Agente: H. L. Boulton
Compañía Real
Holandesa de Vapores............   Representante: Curazao Trading
Agencia

---

[3] Datos suministrados por el periodista Carlos Navarro Giral.

Francesa de Vapores………...   Representante: Philippe de La Roque
Transatlántica Española……….   Representante: Felipe de Montemayor
Alcoa Steamship………………   Representante: Mr. Parmenton
Hamburg American Line …….   Representante: Adolfo Melchert
Transporte Marítimo
Oriental ……………………….   Representante: Eduardo Silvi

FARMACIAS DE LA GUAYRA

Botica Americana ……………   Valdivieso y Cía.
Botica Braun ………………….   Regente: Don Federico León
Farmacia Vargas ……………..   Señor Pino y señor Acosta,
                                    después.

Farmacia Velentiner

CINES DE LA GUAYRA

Teatro Lamas ………………….   Lorenzo Machado
Cine Nuevo Circo ……………..   Señor San Juan

FUNERARIAS

La del señor Sebastián Bethencourt y la del señor Juan Guaita.

FERRETERÍAS

Ferretería El Sol ………………   Antonio Puigbó
Ferretería El Ancla ……………   Rafael Henríquez,
                                    después Miguel Ángel Jiménez
Ferretería El Puerto …………..   Manuel Luy
Ferretería de Rito Blanco …….   Rito Blanco

MÉDICOS DEL LITORAL AÑOS 20, 30, 40

Dr. Delgado Palacios
Dr. Luis Godoy
Dr. César Almaral Otaola
Dr. Joaquín Quintero Quintero
Dr. Humberto De Pasqualli
Dr. Luis Lozano Gómez
Dr. Miguel Acosta Silva

Dr. V. M. Méndez Gimón
Dr. Rafael Ignacio Cabrices
Dr. Prieto Casanova
Dr. Agustín Valdivieso Otaola
Dr. Santiago Martínez
Dr. Guillermo Negrette De Windt
Dr. Edmundo Fernández
Dr. Miguel Ron Pedrique
Dr. Víctor García Salazar
Dr. Van Praag
Dr. Talamantes
Dr. Benjamín Chávez
Dr. Enrique Palacios

ODONTÓLOGOS

Dr. Rosendo Gómez Peraza
Dr. H. Hoffmann.
Dr. Edmundo Hoffmann

TIPOGRAFÍAS

Tipografía La Venezolana ....　Manuel Teodoro Muñoz
Tipografía Comercial ....　Lares
Tipografía La Guayra ....　Ventura Gómez
Imprenta Venezolana ....　René Blanco Domínguez

HOTELES Y PENSIONES

Hotel La Mejor ....　Cecilia Escalante
Hotel Guayana ....　Dr. R. Manzanilla
Pensión La Guaira ....　Familia Carrizales
Pensión La Fonda Española ...　Pedro Cabrera
Hotel Canadá

PANADERÍAS

Panadería Francesa ....　Sr. León Marcou

COLEGIOS DE LA GUAYRA

Colegio San José de Tarbes ...   León a Dos Puertas
Escuela Federal Vargas ....   León a Dos Puertas
Escuela Santos Michelena .....   San Juan de Dios a Punto Fijo
Escuela Zea ....   El Caracol

HOSPITALES

Hospital de San Juan de Dios en la esquina de San Juan de Dios.
Hermanas Francesas de San José de Tarbes. (Administradora).
Cruz Roja Venezolana en Guanape. Directora: Carmen de García

BARBERÍAS

Luis Mora ....   En La Matica, avenida El Tajamar
Ernesto Cáceres ....   En la Plaza Vargas

SASTRERÍAS

Guillermo Tolosa - Carlos Dortolina - Federico Kipps

AGENCIAS DE LOTERÍAS

El Teólogo ....   Carlos Ruiz
El Mago ....   Oscar Quiroba

TIENDAS

La Villa de París ....   Salvador Salvatierra - Plaza Vargas
La Linda ....   León Gabizón - Calle El Comercio
La Perla de Margarita ....   Bentolila - Calle Bolívar
La Tienda de Naranjo ....   Esquina El León - Calle Bolívar
Madrid-París ....   Rafael Hurtado Paredes
Tienda
"El Tesoro Escondido" ....   Señor Essayag - Plaza Vargas
Tienda de R. Bachiche
Tienda de Román Marcano ...   Calle Bolívar

CEMENTERIOS DE LOS EXTRANJEROS O INGLESES

Cementerio particular .... Administrado por Ciro Caballero,
Héctor Ortega C. y Arístides Moreau

Cementerio municipal .... Guanape - Administrador: José Acevedo
(Pepito)

DISTRIBUIDORES DE CIGARRILLOS Y OTRAS ESPECIAS

Luis Pelegrini y Pedro Gómez

BODEGAS Y ABASTOS (PULPERÍAS)

Bodega de Pedro Luis Marín
Bodega de Francisco Elías
(Pancho) .... Calle Bolívar (Esquina El Mamón)
Bodega de Domingo Bello ..... Esquina de El León
Bodega de T. F. Santaella ...... Puente de Jesús
Bodega de Sixto Pérez .... Puerta de Caracas
Bodega de
José Antonio Santana .... Puerta de Caracas
Bodega de Juan Santana .... Las Dos Puertas
Bodega de Carlos Corrales … Calle Bolívar
Bodega de Manuel Reyes ...... Esquina Punto Fijo
Bodega de Pedro Reyes .... Pasaje Urrutia
Bodega de Simeón Jiménez ... El Cañón Rayado - Caja de Agua
Bodega de Juan Guaita,
Después el señor Olivares
y luego Juan Macario .... "Vuelvan Caras" - Caja de Agua
Bodega "La Cuevita"
de Chavalo .... Cruz Verde a Caja de Agua

EQUIPOS DE BEISBOL AMATEUR B.B.C.

Club Bomboná, B.B.C.
Club O.S.P. Puerto La Guayra B.B.C.
Club Cervecería Princesa B.B.C.
Club Gold Medal B.B.C. .... Hermanos Marcou
Club Curia .... Elías Airut
Club Baseball Profesional
Club "Santa Marta" B.B.C.

Club Cincinnati B.B.C. ....   Capitán Caballero - Julio Rodríguez
Club Caribe B.B.C.

MERCADO

Mercado Municipal de La Guayra frente a la placita Libertador, la Logia, la Sociedad Mutuo Auxilio, donde ahora reside el Seguro Social.

FUENTES DE SODA Y BARES DE LA GUAYRA

El Café de la Estación ....   Augusto Gásperi F. de S.
Café Americano y
Casa de Cambio.....................   Remigio Elías G.
La Sucursal ....   León Marcou F. de S.
Bar La G. ....   Domingo Abreu
Bar Las Gradillas ....   Vicente Rodríguez
Bar Democrático y
salón de billar.......................   A. Torres
Bar El Tremedal ....   Luis Romero
Bar Miami ....   Juan Vicente Paúl
Bar y Cuartos de baño ....   Leoncio Chan

RESTAURANTES

Restaurant La Estrella ....   Blas Cessarino
Restaurant La R. Roja ....   Juan Carlos Rojas
Restaurant La Guayra ....   José del Carmen Aranaga
Restaurant La Isla de Cuba,
debajo del Hotel Canadá ....   Marcelino Bravo

FÁBRICAS DE PASTAS

El Cardonal ....   Familia Sagesi
Pachano a Iglesia de San Juan de
Dios......................................   Francisco Leandro

MOLINOS DE MAÍZ

Molino de Ramón Caraballo...   Puerta de Caracas
Molino de la Familia Tavio....   Frente al mercado

FERROCARRIL

Ferrocarril Caracas
- La Guayra .... Don Augusto Urdaneta. Administrador.

MUSEO DE LA PESCA Y ESPECIES MARINAS

Manuel Castillo Peña .... Director

PROVEEDORES DE VÍVERES Y ALIMENTOS A VAPORES EXTRANJEROS

Heriberto Guédez, Arturo Guédez - Mr. Charles

ALGUNOS CONCEPTOS SOBRE MIS PINTURAS
EXPUESTAS EN LA "CASA GUIPUZCOANA
EN EL DÍA DEL CUATRICENTENARIO

Siempre que he hecho exposiciones de mis óleos, acostumbro llevar un libro para que en él, la persona que desee, escriba la impresión buena o mala que tiene de mis pinturas. Eso es muy importante para mí, porque me enseña y motiva.

Así, que voy a exponer algunos conceptos que escribieron ese día, para que ustedes también participen de las cosas interesantes que me escribieron.

Aunque mi nombre estaba en el catálogo, muchas personas me llamaron: señora Rivero, Nelly, Elenita, Blanca Elena; pero todas me dijeron cosas que me encantaron y me dieron ánimo para seguir pintando.

Voy a empezar por el bello poema que un marino inspirado en el tema de mis pinturas, le escribió a La Guayra en pocos segundos:

Bella silueta la de tus muelles
en el crisálido atardecer,
en el reflejo sobre
las aguas que te bañan.
¡Oran por tu prosperidad
los hombres que hacen
la guerra en el mar
para mantener tu grandeza!

Alférez de navío, Héctor Iollet Hernández
De la tripulación de la fragata ARV "Almirante Brión"

Señora: No la conozco personalmente, pero he observado su muestra artística y puedo decir con propiedad, que conoce lo que hace y tiene una convicción del arte definido, que merece mi más grande elogio.

Firma: Alcides Ramos (pintor)

Mis felicitaciones Elenita. Has revivido con tu pintura el sentimiento de nuestro pueblo.
Firma: Arturo Nicomedes

Señora: Su arte es sencillamente sublime, imperecedero, exquisito. La felicito. Mis respetos.

Firma: William Pernía

Esta exposición de Nieves Elena B. de Rivero me ha hecho recorrer otra vez La Guaira y la Maiquetía de mi infancia. Gracias a la pintora, porque me hizo celebrar dos veces el Cuatricentenario de La Guaira, viendo La Guaira en esta visita y viendo la exposición. Muchas gracias señora Rivero, en nombre de La Guaira y la Maiquetía de mi infancia.

Firma: Dr. Elio Gómez Grillo

Una exposición que me ha transportado a sueños vividos de mi pequeña patria. Gran esfuerzo el de la artista Nieves de Rivero para el logro del reencuentro con la historia. Ojalá que la juventud litoralense aproveche esta oportunidad para que, en cuadros hermosos, pueda aprender lo que fue esta franja costera del Litoral Central.

Firma: Jaime Pérez. 29-6-89

A Doña Nieves Elena de Rivero debemos esta joya de recuerdos. Ella captó excelentemente todo aquello que cuando niños veíamos. Ojalá tuviéramos la oportunidad de apreciar todo esto más a menudo. Gracias Nieves. ¡Gracias, mi Guaira querida!

Firma: Lic. Jorge Ernesto Bello Domínguez. 29-6-89.

He recordado mucho mi antigua Guaira. Me siento emocionada y contenta.

Firma: Mercedes Ramírez

Nieves: Tienes en tu pintura un estilo alegre, suave, directo y sencillamente lindo. Dios guarde tus manos y ese amor por el arte de pintar.

Firma: Luis Pinto Pérez (periodista)

Esta hermosa señora que con tanta amabilidad muestra y guía a los presentes en esta exposición, merece el reconocimiento del gentilicio guaireño, ya que su preocupación por este pueblo, lo lleva muy dentro de su alma.

Firma: William Adalberto Marrero N.

Sus cuadros son bellos. Sus pinturas deben ser mejor apreciadas.

Firma ilegible

Con lo sublime de balcones y callejuelas, provoca sumergirse en lo que otrora tuviera mucha historia que contar. Bellas reminiscencias.

Firma ilegible

Maravillosa exposición señora Rivero. La felicito y espero que siga trabajando con el mismo entusiasmo, contribuyendo a motivarnos por este exquisito arte, la pintura.

Firma: Profesora Flor del Valle Aguilar

En mi opinión he apreciado una exposición muy hermosa. La pintura de usted ha sido muy bella, contribuyendo a la vez al conocimiento de La Guaira colonial y cuatricentenaria.

Firma: Martín Tortosa, Fernando. 29-6-89

Nieves: no podrás sino estar feliz de verte rodeada de tus queridos guaireños.

Tu hermana, Ligia

Señora Blanca Elena, gracias por permitirnos conocer el encanto de esta tierra tan querida por nosotros en el ayer, cuando aún eran frescas las vivencias de quienes la conocieron en su forma original. Mucho éxito y adelante.

Firma: Dinorah Moreno

Felicitaciones Nelly, por mostrarnos vivo lo que fue La Guaira. Espero que siga así. Que Dios le bendiga sus manos.

Firma: Mirna González

Te felicito por tu exposición tan bella y tan llena de recuerdos de tu vida y de tu pueblo. Estoy orgulloso de tí.

Carlos, tu hijo 29-6-89

Felicitaciones por haber utilizado su extraordinaria sensibilidad para plasmar La Guaira bella en los lienzos aquí expuestos. Por el amor a La Guaira y a toda Venezuela.

Firma: David Barcons (periodista)

Para mi complacencia, como artista de La Guaira, me es grato haber conocido a una gran artista de La Guaira, que además es una cronista de la región.

Firma: Dámaso A. Palacios (escultor)

La felicito porque todos están maravillosos. Que Dios le de muchos años y la bendición. Su amiga,

Firma: Mabelia Liendo

Felicitaciones. Sus cuadros son tan naturales y expresivos que me hacen recordar los paseos que hacía a La Guaira en mis años juveniles.

Firma: Juanita Sicerini

Nieves: Eterna gratitud te mereces de todos los nacidos como tú en esta grandiosa y bella Guaira y por poder apreciar en tu excelente pintura los recuerdos eternos.

Firma: Calixto Landaeta Delgado. 29-6-89

Nieves Elena, admiro la sensibilidad y emotividad que plasmas en tus pinturas.

Firma ilegible

Felicitaciones, señora Rivero al recordar La Guaira vieja.

Firma: Zoraida Manzano

Pareciera que la vieja Guaira ha reencarnado en los cuadros de Nieves. Los recuerdos se agolpan, cogen vida, toman su lugar en nosotros. Más que pinturas, son remembranzas de amor a la tierra chica.

Firma: Oscar Daal (periodista)

Me parece que todos están muy bellos.
Gracias a esta pintora que con su alegre pintar pinta a La Guaira colonial.

Firma ilegible

Ver sus pinturas, que en realidad son obras de arte, puedo observar La Guaira antigua y hermosa que no pude conocer; pero que hoy, con mi familia, pude contemplar. En verdad la felicito por su trabajo útil y hermoso.

Firma: Oscar Casile Ponta

Señora Elena Rivero: Realmente estoy maravillado con sus cuadros, son preciosos. Espero que pinte siempre tan hermosa nuestra Guaira.

Firma: J. A. Delgado

Me encanta como enfoca una época que todos deseamos tener presente.

Firma ilegible

Señora: Me siento muy alegre y feliz al ver mi querida y antañona Guaira y observar los diferentes sitios y lugares históricos del pasado y del presente.

Firma: Yuraima Figueroa

De muy buen agrado. Realmente, 400 años y La Guaira y su pueblo en el mismo estado de abandono. Sólo quedan personas que describen como fue, como usted lo plantea en sus pinturas.

Firma: Olinto Rodríguez

Nieves: Que Dios te bendiga y te de mucha vida y salud para seguir disfrutando tus bellos cuadros. He recordado mi niñez, mi infancia, con mucha alegría y en oportunidades me saltaron las lágrimas y se anudó mi garganta.

Te quiere, Neyla Mora de León

Un recorrido pictórico por la obra de la artista Nieves de Rivero, me permitió adentrarme en sitios ya desaparecidos del casco colonial de La Guaira, pero que quedan gracias a la artista y sus pinceladas de recuerdo.

Firma: Amador Clark

Señora Nieves: Observar su colección de pintura es ver a través de la historia a nuestra querida Guaira plasmada con sensibilidad y ternura. Muchas felicidades le deseo en este momento histórico, cuando nuestra querida región recibe con beneplácito su valiosa colección. La admiro.

Firma: Godofredo Sánchez

Señora Nieves: La felicito por su conocimiento y ese gran amor que le tiene a La Guaira. No se le olvidó ni una sola esquina de ella.

Firma: Carmen Elena Pérez

Señora Rivero: Ver sus obras nos hace retroceder en el tiempo. ¡Sencillamente maravilloso! Admiraba en usted su facilidad descriptiva con la pluma y ahora con sus cuadros me eleva a otras épocas. La felicito por su fina y hermosa sensibilidad y por la mejor disposición suya para con esta Guaira que tanto he aprendido a amar.

Amiga: Elvia Pacheco, Directora de Fundarte.

Señora sus trabajos están muy buenos. Me encanta su técnica (clara, conocedora de colores) y su amor hacia el arte y hacía esta caída parroquia, lo cual ha quedado plasmado en sus cuadros. De una persona que conoce de arte.

Firma: Ilegible Zapata

Señora me parece que son muchos los esfuerzos de que ha tenido que valerse para lograr tan maravilloso trabajo. Que Dios la bendiga.

Firma: Bertha Medina

Mi visita a la exposición es como el amor de los novios; es como mi vida en la primavera y en el mar. Me gustó mucho, es tan linda como la primavera y el otoño.

Firma: Mélida Malaré. 29-6-89

Nieves Elena, todos los guaireños te debemos un reconocimiento por ser fiel a esta tierra y ese gran amor que has plasmado en tus lienzos y en tus escritos. Que el Todopoderoso te ayude para que continúes adelante.

Firma: Luisa y Magaly Páez Monzón

Observar su trabajo es ver a La Guaira tal cual, allí, plasmada en el tiempo que ha transcurrido; la suavidad de los colores, la dedicación, y cada detalle, da la seguridad de que allí esta usted. ¡Me encantó ver su exposición!

Firma: Gladys Arguinzones

Querida comadre: Ojalá que la dedicación tuya nos haga pensar y motivar para hacer algo por esta Guaira tan olvidada como querida. Con toda mi admiración ...

Firma: Jesús Guillermo Gómez

Todos sus cuadros tienen mucho de inspiración y son un reflejo vivo, real, de lo que La Guaira representó y representa.

Firma: Luciana de Mijares. 29-G-89

Me complació mucho su exposición, sus cuadros me llevaron a los sitios desaparecidos y de los que me hablaron tanzas veces mis viejos.

Firma: J. Castillo

Si el amor por los cuadros es como cuando uno quiere a su novia, yo me quedo con los cuadros y me quedo con mi novia.

Firma: Baltazar Coa

Sin duda alguna, una obra para la posteridad, inmortal también su autora.

Firma: Rogelio Américo Castillo

Mamita Nieves: Cada vez me gusta más lo que pintas. Me siento orgullosa de tenerte como mi madre adoptiva. Que Dios te bendiga.

Firma: Maritza

Mamita Nieves: Me encanta tu pintura. Las tonalidades dan paz y frescura. ¡Cómo nos gustaría que siguieras haciéndolo!

Firma: Machela

Abuelita: Estoy muy orgulloso de tí. Felicidades.

Guillermo Ramón, 6 años

Abuelita: quiero seguir tu ejemplo y pintar. Te quiero mucho.

Guillermo Alberto, 9 años

221

ÍNDICE

ESTE LIBRO SE TERMINÓ
DE EDITAR
EN LA CIUDAD DE MIAMI, FLORIDA,
EL DÍA DIECIOCHO DEL MES
DE AGOSTO DEL AÑO DOS MIL DIEZ.